CON
BOOK.

FETTNÄPFCHENFÜHRER

CONBOOK.

Kai Blum wurde 1969 in Rostock geboren und hat in Leipzig Germanistik, Geschichte und Amerikanistik studiert. Nebenher schrieb er dort für eine Lokalzeitung. 1994 wanderte er in die USA aus und wohnte anfangs in Washington, D. C. und später in Virginia sowie South Dakota. Ende der Neunzigerjahre zog er nach Michigan und seit 2015 wohnt er in Chicago. Beruflich war er bisher u. a. im Buchhandel, in einer Bibliothek und vor allem im Internet-Bereich tätig. Gegenwärtig arbeitet er im Bereich Suchmaschinen-Marketing. Kai Blum erhielt Anfang 2006 die amerikanische Staatsbürgerschaft.

USA

FETTNÄPFCHENFÜHRER

MITTENDURCH UND DRUMHERUM

KAI BLUM

MIX
Papier aus verantwortungsvollen Quellen
FSC® C083411

9., komplett überarbeitete und aktualisierte Auflage

www.conbook-verlag.de

Lektorat: Birgit Schmidt-Hurtienne, www.beesha.de
Einbandgestaltung: Weiß-Freiburg GmbH – Graphik & Buchgestaltung unter Verwendung eines Motivs von © istockphoto.com/smodj
Satz: Röser MEDIA, Karlsruhe
Druck und Verarbeitung: CPI books GmbH, Leck

Printed in Germany

ISBN 978-3-95889-173-9

INHALT

VORWORT

Eigentlich ist es ja nicht meine Art, im Müll zu wühlen. Schon gar nicht in der Flughafen-Wartehalle von Detroit. Wie schnell könnte man doch mit einem Terroristen verwechselt werden, der da unter Papptellern und Pizzaresten eine Bombe verstecken will! Aber da ich vor dem Fliegen gehörige Angst habe, versuchte ich auch an jenem Tag Mitte August meine Nerven mittels Bierkonsum zu beruhigen – und der nahm mir dann anscheinend auch die Hemmung vor einem beherzten Griff in den Abfallbehälter.

Wie konnte ich auch widerstehen? Nach fast zwanzig Jahren Leben in den USA lechze ich nach jeder deutschen Silbe, und als ich dieses kleine Heft mit den fein säuberlich auf den Deckel geschriebenen Worten »Unser Reisetagebuch« im Müll liegen sah, konnte ich mich nicht einfach abwenden. Da siegte die Neugier sowohl über das Risiko einer Verhaftung als auch über den Ekel wegen der ketchupbeschmierten Essensreste, die auf dem Umschlag klebten und besagte Aufschrift um Haaresbreite verdeckt und damit dieses Kleinod deutscher Urlauber-Tagebücher beinahe für immer der Öffentlichkeit vorenthalten hätten.

Nachdem ich den Umschlag notdürftig mithilfe einiger Servietten gereinigt und die ersten Seiten gelesen hatte, wusste ich, dass ich mit meinem Verlag sprechen musste. Dort hatte man nämlich seit Längerem die Idee gehabt, »Fettnäpfchenführer« für eine ganze Reihe von Ländern herauszugeben. Da ich schon zwei andere Ratgeber für Neuankömmlinge in Amerika geschrieben hatte, war ich folgerichtig auch mit dem Verfassen eines Fettnäpfchen-Buches für die USA beauftragt worden. Das Leben schreibt jedoch bekanntlich die besten Geschichten, und mir war schnell klar, dass ich das gefundene Tagebuch nicht übertreffen konnte, sondern lediglich um einige Erklärungen ergänzen musste.

Hier nun also die Aufzeichnungen zur ersten USA-Reise von Torsten und Susanne inklusive meiner Anmerkungen und Erläuterungen, wie Sie die Fehler der beiden bei Ihrem eigenen Amerika-Aufenthalt von vornherein vermeiden können. Meine ergänzenden Informationen finden Sie hoffentlich auch interessant und unterhaltsam.

Ich wünsche Ihnen viel Spaß bei der Lektüre!

Kai Blum

1 AUF DEM WEG NACH AMERIKA

25. JULI, MITTEN ÜBER DEM ATLANTIK

Torsten | Heute fliegen wir zum ersten Mal in die USA, genauer gesagt nach Detroit im Bundesstaat Michigan. Wir werden dort unsere amerikanischen Freunde Mark und Sarah besuchen, die wir vor zwei Jahren auf der Buchmesse in Leipzig kennenlernten und die letztes Jahr mit uns an der Ostsee Urlaub gemacht hatten.

Die beiden wohnen in einer Stadt mit dem etwas merkwürdigen Namen Ann Arbor, die 64 Kilometer westlich von Detroit liegt. Auf Wikipedia habe ich gelesen, dass es dort eines der größten Sportstadien der Welt gibt, in das praktisch die gesamte Bevölkerung der Stadt hineinpasst, nämlich rund 113.000 Menschen. Die müssen ganz schön sportbegeistert sein!

Mark und Sarah werden uns am Flughafen abholen und wir bleiben zunächst ein paar Tage bei ihnen, damit wir uns an die USA gewöhnen können, besonders was die Sprache betrifft. Mein Englisch ist ja eigentlich ganz gut und ich war in den letzten Jahren auch ein paar Mal in London gewesen, aber wer weiß, ob das mit der amerikanischen Aussprache hinhauen wird. Susanne kann nicht so gut Englisch, glaube ich, da sie in der Schule hauptsächlich Russisch gelernt hat.

Nach der Eingewöhnungsphase in Ann Arbor fahren wir dann mit dem Zug nach Chicago im Bundesstaat Illinois und bleiben drei bis vier Tage dort. Eigentlich wollten wir ja unseren gesamten Urlaub in Michigan verbringen, aber Mark und Sarah hatten mehrmals betont, dass Chicago eine ganz tolle Stadt sei, die wir uns unbedingt ansehen sollten. Die Zugfahrt von Ann Arbor nach Chicago dauere außerdem nur fünf Stunden.

Und da so eine amerikanische Großstadt bestimmt ganz hektisch ist, wollen wir uns danach so richtig in der Natur erholen. Mark hatte uns erzählt, dass es im Norden von Michigan sehr schön sei. Viel Wasser und Natur. Sogar Bären, Wölfe und Elche soll es da geben. Klingt doch super! Wir werden uns ein Auto mieten und quer durch Michigan dorthin fahren. So ein Roadtrip ist sicher auch ganz spannend.

Unsere Freunde zu Hause hatten gesagt, dass wir sie auf Facebook über unsere Reise auf dem Laufenden halten sollen. Aber ich finde es ehrlich gesagt blöd, auch im Urlaub dauernd online zu sein. So haben Susanne und ich dann beschlossen, mal ein paar Wochen ohne Internet zu leben und unsere Erlebnisse in einem altmodischen Tagebuch per Hand aufzuschreiben. Ich komme mir jetzt schon wie Jack London vor ...

2 FLIEGENGITTER UND KONDOME

25. JULI, ANN ARBOR, MICHIGAN

Torsten | Jetzt sind wir in den USA! Die Landung war perfekt, und auch bei der Passkontrolle gab es keine Probleme. Man hört ja immer, dass mit den amerikanischen Grenzbeamten nicht zu scherzen sei. Die Frau am Schalter wollte zwar genau wissen, wo ich hinwill und wie lange ich in den USA bleibe, war aber insgesamt gar nicht unfreundlich. Auch Susanne kam am Nachbarschalter ohne Probleme durch. Am Ausgang warteten Mark und Sarah auf uns. Sie waren braun gebrannt und frohgemut. Sarah war im achten Monat schwanger und kugelrund. Wir freuten uns alle riesig über das Wiedersehen.

Um zu ihrem Auto zu gelangen, führten Mark und Sarah uns durch ein Labyrinth aus Rolltreppen und Fahrstühlen in dem sehr modern aussehenden Flughafen. Die Wanderung endete jedoch in einem extrem schlecht beleuchteten Parkhaus, dem zu entkommen dann wegen der verwirrenden Ausschilderung auch gar nicht so einfach war. Mark fuhr erst einmal einige Runden im Kreis, ohne den Weg zum Ausgang zu finden. Aber schließlich ging es über verschiedene Rampen einige Stockwerke hoch zur Kasse und nach dem Bezahlen wieder hinab und durch einen Tunnel unter den Landebahnen hindurch, bis wir das Flughafengelände endlich verlassen konnten. Während unserer Irrfahrt spekulierten wir, ob der Architekt des Parkhauses Kafka-Fan war.

Draußen schien die Sonne, und wir sogen erst einmal die ersten Eindrücke von Amerika in uns auf. Alles war irgendwie größer: die Fahrspuren, die Autos und Laster sowie die Werbetafeln am Rand der Autobahn. Da sahen wir Werbung für eine Uni, ein Krankenhaus, ein Waffengeschäft und mehrere Anwaltskanzleien. Und von wegen in den USA wird langsam gefahren ... Stimmt nicht! Auf der Autobahn rasen hier auch alle wie die Verrückten und überholen zudem rechts genauso wie links und ohne zu blinken. Auch die riesigen Brummis hielten sich nicht an die Geschwindigkeitsbegrenzung. Selbst einer dieser typisch amerikanischen Schulbusse war bei der Raserei auf der recht holprigen Fahrbahn dabei. Mark fluchte einmal lautstark, als er beinahe auf einen Langsamfahrer auffuhr, der sein Handy am Ohr hatte und ganz in ein Gespräch versunken war.

Dann ging's plötzlich runter von der Autobahn und wir fuhren nach Ann Arbor hinein. Die Stadt gefiel uns auf den ersten Blick. Schöne Häuser und gepflegte Grünanlagen, wohin wir schauten. Im Stadtzentrum lag ein Restaurant neben dem anderen und die zahllosen Freisitze davor waren alle besetzt. Kellner balancierten mit gefüllten Biergläsern zwischen den Tischen hindurch. Die Leute schienen den Sommer in vollen Zügen zu genießen.

Mark und Sarah wohnten in einem sorgfältig restaurierten alten Holzhaus in der Nähe vom Stadtzentrum. Beim Betreten des Hauses wurden wir von einem Schäferhund namens Max stürmisch begrüßt. Der Hund war erst ein Jahr alt und deshalb immer noch sehr verspielt. Nachdem er sich etwas beruhigt hatte, führten uns Mark und Sarah durch das Haus. Es war ihnen anzumerken, dass sie sehr stolz darauf waren. Sie hatten es erst letztes Jahr gekauft und dann mehrere Monate lang renoviert.

Die riesige Küche sah aus wie aus dem Ikea-Katalog, und als ich dies erwähnte, lachte Sarah und sagte, dass es hier in der Gegend tatsächlich ein *ei-kie-a*-Kaufhaus gäbe und dass sie die Kücheneinrichtung dort gekauft hätten. Susanne meinte, sie hätte auch gerne so eine Küche – nur kleiner natürlich, denn alle Geräte sind hier viel größer als bei uns. Besonders der Kühlschrank, der gute zwei Meter hoch und beinahe genauso breit war und zwei gleich große Türen hatte: links für den Gefrierschrank und rechts für die normalen Lebensmittel. An der Gefrierschranktür gab es eine Vorrichtung, die Eiswürfel ausspuckte. Mark hatte damit unmittelbar nach unserer Ankunft bereits einige Gläser gefüllt und uns dann Cola eingegossen. Mir gefiel das, aber Susanne fand die Cola viel zu kalt und wollte am liebsten die Eiswürfel herausfischen. Irgendwie schmeckte die Cola auch anders als zu Hause.

Der Kühlschrank war mit einem Speisevorrat gefüllt, der sicher ein halbes Jahr reichen würde. Dass er so gigantisch ist, liegt sicher auch daran, dass die Verpackungen hier ebenfalls wesentlich größer sind als bei uns. Die Milch kommt hier z. B. in riesigen Plastikbehältern mit Griff. *One gallon* steht auf dem Etikett. Das sind beinahe vier Liter! Auf der Milch, auf den Eiern und auf den Äpfeln waren Sticker mit dem Wort *organic* aufgeklebt. Als ich fragte, was das bedeutet, erklärte Sarah, dass es sich dabei um Bioprodukte handelt und dass sie jetzt, da sie schwanger sei, auf gesunde Ernährung besonderen Wert legt. »Aber manchmal sündige ich auch.« Mit diesen Worten öffnete sie den Gefrierschrank und deutete auf einen kleinen Eimer, der sich bei näherer Betrachtung als eine riesige Packung Schoko-Eis herausstellte.

KENNZEICHNUNG VON (BIO-)OBST UND GEMÜSE

Obst aus Bio-Anbau kann man außer an der Kennzeichnung *organic* an einer aufgeklebten Nummer, dem sogenannten *PLU code* erkennen. Er hat eine fünfstellige Nummer, die mit einer neun beginnt, z. B. 94011. Normales Obst und Gemüse hat dagegen eine vierstellige Nummer, z. B. 4011. Aber Vorsicht: Der *PLU code* für genmanipuliertes Obst und Gemüse hat ebenfalls fünf Stellen, beginnt jedoch mit einer acht, also z. B. 84011.

Als wir in den Raum neben der Küche traten, dachte ich wegen des riesigen Flachbildschirms an der Wand zuerst an ein Kino, aber es war dann natürlich doch nur das Wohnzimmer. Ein kleiner Flur führte zu Sarahs Arbeitszimmer, das überquellende Bücherregale an allen Wänden hatte. Daneben war ein Klo mit Duschkabine. Auf der zweiten Etage befand sich ein riesiges Schlafzimmer, an das eine Kleiderkammer und ein eigenes Badezimmer angeschlossen waren. Das zukünftige Kinderzimmer, in dem wir schlafen, liegt gleich daneben. Es ist himmelblau gestrichen, denn die beiden erwarten einen Jungen.

Bei unserem Rundgang fielen mir einige Besonderheiten auf: In diesem Haus gibt es keine Türklinken, sondern nur Drehknöpfe. Die Fenster werden nicht aufgeklappt, sondern hochgeschoben und sind alle mit Fliegengittern versehen. Und die Toilettenspülkästen sind mit schätzungsweise fünf Litern Wasser gefüllt, die jedes Mal komplett weggespült werden. Eine Zweistufenregelung wie bei uns scheint es hier nicht zu geben.

Nachdem wir drinnen alles gesehen hatten, begaben wir uns auf die aus Holz gebaute Veranda hinter dem Haus, die Mark und Sarah »deck« nannten. Dort stand ein gigantischer, mit Propangas betriebener Grill, der so groß war, dass man mit ihm mühelos einen ganzen Fußballverein auf einmal mit Bratwürsten versorgen könnte. Die tennisplatzgroße Rasenfläche, die den gesamten Garten bedeckte, war kurzgeschnitten und sah absolut perfekt aus, ebenso wie der Rasen vor dem Haus. Bei den Nachbarn war auch alles makellos.

Rings um den Rasen steckten kleine Fähnchen im Boden. Sie trugen alle die Aufschrift *invisible fence*. Wo der Deutsche einen massiven Zaun hat, um sein Grundstück abzugrenzen, reichen hier offenbar ein paar Fähnchen. Aber nachdem ich mich diesbezüglich lobend geäußert hatte, lachte Mark und sagte: »Schau mal!«

Er hielt Max einen Tennisball vor die Nase und warf ihn dann in Richtung Nachbargrundstück. Der Hund rannte zuerst blitzschnell hinterher, blieb dann aber wie angewurzelt stehen, als der Ball an einem der Fähnchen vorbei rollte. Er bellte in Richtung Ball, ging aber nicht weiter. Mark rief Max zu uns und wies mich auf eine kleine Schachtel an seinem Halsband hin.

»Hier ist ein Funkempfänger drin. Die Fähnchen markieren Sensoren, die ein Signal senden, wenn Max zu nahe kommt.«

»Verstehe ich nicht.«

»Max bekommt jedes Mal einen leichten Stromschlag versetzt, wenn er dem unsichtbaren Zaun zu nahe kommt. Er hat so ganz schnell gelernt, wo die Grundstücksgrenze verläuft.«

Als ich das hörte, musste ich unwillkürlich an die Selbstschussanlagen an der ehemaligen innerdeutschen Grenze denken. Den Machthabern in der DDR hätte die Technologie des unsichtbaren Zaunes sicher gefallen. Ich stellte mir in Gedanken vor, wie die Menschen im Osten alle eine kleine Plastikschachtel am Hals trugen.

»Träum nicht!« Susanne riss mich aus meinen Gedanken. Sie zog mich, Mark und Sarah folgend, in die Garage. Dort standen ein kleiner Traktor, der sich als Rasenmäher entpuppte, auf dem man sitzen konnte, sowie zwei Fahrräder, mit denen Sarah und Mark oft zur Arbeit fahren. Mark arbeitet als Pfleger im Krankenhaus und Sarah als Lektorin im Universitätsverlag. Deshalb war sie auch vor zwei Jahren auf der Buchmesse in Leipzig gewesen. Der Verlag, bei dem Susanne arbeitet, hatte einen Stand in der gleichen Halle. Die beiden waren ins Gespräch gekommen, als Sarah ein Becher Kaffee genau vor Susannes Stand aus der Hand rutschte und diese ihr beim Aufwischen half.

Sarahs Verlag hat dann letztes Jahr ein Buch aus Susannes Verlag übernommen, das sich sehr erfolgreich in den USA verkaufte, nachdem es eine gute Kritik in der *New York Times* erhalten hatte. An unserem letzten Tag hier soll Susanne nun in Sarahs Verlag einen Vortrag zum deutschen Buchmarkt halten und Möglichkeiten für eine weitere Zusammenarbeit zwischen den beiden Verlagen besprechen. Sie ist schon ganz schön aufgeregt deswegen, weil ihr Englisch ja nicht so gut ist, aber Sarah hat gesagt, dass sie sich keine Sorgen machen solle.

Nachdem uns unsere Gastgeber Haus und Garten gezeigt hatten, wollten wir ein wenig spazieren gehen und die Nachbarschaft erkunden. Wir waren zwar hundemüde, aber nach dem stundenlangen Sitzen im engen Flugzeug würde es uns bestimmt gut tun, wenn wir uns etwas die Beine vertraten. Zudem war es ein sehr schöner Sommerabend und ins Bett gehen, solange es noch hell war, konnten wir irgendwie auch nicht.

Sarah und Mark, die noch ein kleines Abendbrot vorbereiten wollten, fragten uns, ob wir Max auf unseren Spaziergang mitnehmen würden. »Er kann euch ja die Gegend zeigen«, sagte Mark und legte dem aufgeregten Vierbeiner eine Leine an. Er gab uns auch eine Plastiktüte mit, falls Max *number two* machen würde. Auf Nachfrage erklärte Mark lachend, dass Pinkeln *number one* ist – was *number two* sei, könnten wir uns dann doch sicher denken. Wie wir später mehrmals sahen, schien es hier bei den Herrchen und Frauchen selbstverständlich zu sein, pflichtbewusst die Hinterlassenschaften ihrer Hunde per Plastiktüte von den gepflegten Rasenflächen vor den Häusern zu entfernen.

Die Nachbarschaft war wirklich schön. Fast alle Häuser waren aus Holz gebaut und in den verschiedensten Farben gestrichen, wobei Weiß, Gelb und Grün überwogen. Vereinzelt gab es auch gemauerte Häuser, die allesamt unverputzt waren. Der ganze Stadtteil war sehr grün. Es gab saftige Rasen mit Blumen vor und hinter den Häusern und viele alte Bäume, die eine Menge Schatten spendeten. Richtige Zäune gab es fast keine, aber wir kamen an einem weiteren unsichtbaren Zaun vorbei, mit einem Hund auf der anderen Seite, der uns zuerst aufmerksam beäugte, dann wegen Max wie verrückt bellte und ärgerlich hin und her lief – aber letztendlich wohl doch keine Lust auf einen Stromschlag hatte.

Die Leute, denen wir auf unserem Spaziergang begegneten, grüßten uns alle sehr freundlich. Bis auf eine Ausnahme: Als wir eine große Grünanlage durchquerten, ließen wir Max von der Leine und warfen einen Stock, den er freudig zurückbrachte. Wir wiederholten das einige Male, bis Max plötzlich einen kleinen Hund entdeckte, der von seinem Frauchen spazieren geführt wurde. Er lief sofort zu seiner Entdeckung, worauf die Frau sehr ärgerlich wurde und ihren Hund auf den Arm nahm. Als sie uns sah, rief sie uns einige wütende Worte zu, die wir aber nicht verstanden. Wir riefen Max' Namen mehrere Male, bevor er auch zurückkam und wir unseren Spaziergang schleunigst fortsetzten. Warum die Frau so ärgerlich war, habe ich nicht so richtig begriffen – Max ist nun wahrlich kein aggressiver Hund.

Nach unserem Spaziergang ist dann noch etwas sehr Lustiges passiert: Ich war schon mit Sarah und Mark auf der Veranda, wo Letzterer den Grill angeworfen hatte. Susanne wollte, nachdem sie auf dem Klo war, auch rauskommen und schritt freudig durchs Wohnzimmer auf uns zu. Als sie bei der Verandatür ankam, passierte es! Die Glastür war zwar zur Seite geschoben, aber es gab da noch eine extra Schiebetür mit einem Insektengitter, in die Susanne voll reingerannt ist. Sie hat die Tür komplett ausgehebelt und ist zu uns auf die Veranda gestürzt! Das war ein richtig filmreifer Stunt! Schade, dass ich keine Videokamera dabei hatte!

Mark meinte, dass es hier die Fernsehsendung *America's Funniest Home Videos* gibt, die sich auf derartige Heimvideos spezialisiert hat und dass man da sogar viel Geld bekommen kann, wenn den Zuschauern das Video gefällt. Ich wollte Susanne dazu überreden, den Stunt vor laufender Kamera noch einmal zu wiederholen, aber sie hatte irgendwie keine Lust, in Amerika berühmt zu werden.

Susanne | Ich hatte das Fliegengitter überhaupt nicht gesehen. Woher sollte ich denn wissen, dass da eins war? Das kann doch wohl jedem passieren! Aber Torsten ist auch was Peinliches unterlaufen: Er hat Mark nach einem Radiergummi gefragt, worauf dieser ihm dann ein Kondom gegeben hat. Von wegen gutes Englisch! Das kann ja noch was werden ...

An die Klimaanlage muss ich mich auch erst einmal gewöhnen. Im Haus herrscht eine Eiseskälte, die aus diversen Luftschächten geblasen kommt. Sarah und Mark scheinen es so kalt zu mögen, auch im Auto hatte ich schon gefroren – da lief die Klimaanlage ebenfalls auf Hochtouren. Sarah fragte mich, ob mir kalt war, aber ich wollte mich nicht gleich beschweren, wir waren ja gerade erst angekommen. Heute Nacht lassen wir dann einfach das Fenster auf, sonst holen wir uns hier am ersten Tag schon eine Erkältung.

Was ist diesmal schiefgelaufen?

Warum war die Besitzerin des kleinen Hundes wütend, als Max, der ein Jahr alte Schäferhund, auf sie zugelaufen kam? Die Frage ist einfach zu beantworten: Hunde werden in den USA grundsätzlich an der Leine geführt. Einige Leute reagieren recht unwirsch, wenn man dies nicht beachtet. Vielerorts bekommt man zudem einen Strafzettel, wenn man seinen Hund außerhalb des eigenen Grundstücks frei herumlaufen lässt. Außerdem kann man in den USA als Hundebesitzer auf hohe Geldsummen verklagt werden, wenn das Tier jemanden beißt. In Restaurants darf man Hunde nicht mitnehmen und in Geschäfte nur dann, wenn es ein Schild mit einer entsprechenden Einladung gibt, z. B. *pets welcome*. In öffentliche Verkehrsmittel dürfen Hunde nur dann, wenn es sich um Vierbeiner handelt, die Behinderten zur Seite stehen.

Susannes Ungeschick mit der Fliegengittertür kann eigentlich jedem passieren, der nicht weiß, dass in amerikanischen Häusern in der Regel nicht nur alle Fenster ein Fliegengitter haben, sondern dass es neben der eigentlichen Balkon- oder Verandatür meistens auch noch eine weitere locker eingehängte Schiebetür gibt. Sie besteht aus einem sehr dünnen, leichten Rahmen und einem sehr straffen und feinmaschigen Fliegengitter, sodass man die Verandatür auf- und frische Luft hineinlassen kann. Besonders am Abend werden zugleich Fliegen und Mücken gehindert einzudringen. Wenn man nicht weiß, dass es eine solche Tür gibt und man den Blick eher auf etwas anderes gerichtet hat, z. B. auf Freunde, die draußen auf der Veranda sitzen, so wie das bei Susanne der Fall war, kann man das Fliegengitter schon mal übersehen und dagegen laufen. Wegen ihrer Leichtbauweise geben diese Türen schnell nach und lassen sich ohne Weiteres aus der Aufhängung drücken. Das erneute Einhängen ist zum Glück auch sehr einfach.

Und warum hat Torsten von Mark ein Kondom bekommen, als er nach einem Radiergummi fragte? Er hat um einen *rubber* gebeten, so wie er es in der Schule gelernt hatte. In den USA wird ein Radiergummi jedoch als *eraser* bezeichnet. Unter *rubber* versteht man hier ein Kondom. American English unterscheidet sich vom British English hauptsächlich durch die Aussprache, aber auch in Rechtschreibung und Wortschatz. Also war es kein Wunder, dass Mark Torsten missverstanden hat, als dieser um einen *rubber* bat.

AMERICAN ENGLISH VS. BRITISH ENGLISH

Bezeichnung	**Großbritannien**	**USA**
brew	Tee	Bier
casket	Schmuckkästchen	Sarg
entrée	Anfangs-/Zwischenspeise	Hauptgericht
fag	Zigarette	Schwuler
first floor	Stockwerk über Erdgeschoss	Erdgeschoss
football	Fußball	American football
geezer	Gangster	alter Knacker
hockey	Feldhockey	Eishockey
hole-in-the-wall	Geldautomat	kleines, unbekanntes Restaurant
holiday	Ferien, Urlaub	Feiertag
homely	gemütlich	unattraktiv, in Bezug auf eine Person
jam	Marmelade	Konfitüre
mad	verrückt	verärgert
Mid-Atlantic	Mitte des Atlantiks	Mitte der Atlantikküste der USA
muffin	flache, brötchenähnliche Backware,	kuchenähnliche Backware, die es auch in Deutschland gibt

pants	Unterhose	Hose
pavement	Bürgersteig	Straßenbelag
purse	Geldbörse für Frauen	Handtasche
restroom	Pausenraum	öffentliche Toilette
to ring s.o. up	jemanden anrufen	jemanden an der Kasse bedienen
run-in	der letzte Teil eines Wettrennens	Konflikt
semi	Doppelhaushälfte	Sattelschlepper
sherbet	Brausepulver	Sorbet, das auch etwas Milch als Zutat enthält
silverware	Dinge aus Silber	Besteck
tradesperson	Verkäufer	Facharbeiter
tube	U-Bahn	Fernseher

In der Rechtschreibung gibt es folgende Hauptunterschiede: Die meisten Wörter, die im British English auf den unbetonten Silben -our (z.B. *colour, flavour, neighbour)* und -re *(centre, litre, theatre)* enden, werden im American English mit -or *(color, flavor, neighbor)* bzw. -er *(center, liter, theater)* geschrieben. Ferner wird im American English die Endung -ize *(organize, realize, recognize)* verwendet, während im British English oft die Endung -ise *(organise, realise, recognise)* geschrieben wird. Außerdem haben manche Wörter im Britischen ein Doppel-l, im Amerikanischen jedoch nur ein l: *cancelled/canceled, modelling/modeling, travelling/traveling.* Andererseits schreiben die Amerikaner bestimmte Worte lieber mit Doppel-l, die Briten jedoch nur mit einem l: *fulfil(l)ment, enrol(l)ment, instal(l)ment.* Auch im Zusammenhang mit Ableitungen und Nachsilben gibt es Unterschiede in der Buchstabierung verschiedener Wörter, wie z.B. *ageing* (British English) und *aging* (American English).

Bei der Aussprache gibt es keine wirkliche Standardversion des American English. Nachrichtensprecher und Schauspieler nehmen jedoch oft Unterricht, um ohne erkennbare regionale Akzente sprechen zu lernen. Dieses Englisch wird mitunter *Standard American English* genannt. Die regionalen Unterschiede innerhalb des American English sind allerdings wesentlich geringer als die Unterschiede innerhalb des British English. Als Nichtamerikaner kann man vielleicht erkennen, dass jemand aus den Südstaaten kommt. Aber bei den anderen Gegenden, z. B. beim Mittleren Westen, wird das schon wesentlich schwerer. Die Unterschiede sind für das ungeschulte Ohr oft kaum bemerkbar. Zudem entwickelt sich die Sprache ständig weiter, und bei jüngeren Leuten haben Sprachwissenschaftler in den letzten Jahren zunehmend Dialektangleichungen beobachtet.

AFRICAN-AMERICAN VERNACULAR ENGLISH

Afroamerikaner sprechen teilweise einen Dialekt, der in der Sprachwissenschaft *African-American Vernacular* English und in der Umgangssprache *Ebonics* genannt wird. Dieser Dialekt vereint Einflüsse des *Southern American English* der ehemaligen Sklavenhalter-Staaten im Süden der USA und westafrikanischer Sprachen.

African-American Vernacular English zeichnet sich durch Unterschiede in Aussprache, Grammatik und Wortschatz aus. So betonen viele Afroamerikaner z. B. die erste Silbe in Wörtern wie *police, guitar* und *Detroit*, während weiße Amerikaner die zweite Silbe betonen. In der Grammatik gibt es u. a. zusätzliche Möglichkeiten, die Vergangenheit auszudrücken, z. B. *I been bought it oder I done buy it*. In der Negierung wird häufig *ain't* verwendet, z. B. *I ain't know that*. Auch eine doppelte Negierung ist oft anzutreffen: *I didn't go nowhere*.

Während viele Weiße das *African-American Vernacular English* schlichtweg als fehlerhaftes Englisch bewerten, sehen Sprachwissenschaftler es in der Regel als Dialekt des *American English* an. Eine Minderheit betrachtet es sogar als eigenständige Sprache. Wie dem auch sei, auf jeden Fall haben wir der afroamerikanischen Umgangssprache den mittlerweile fast weltweit verbreiteten Slang-Gebrauch des Wortes *cool* zu verdanken.

3 IM TRETBOOT IN SEENOT

26. JULI, ANN ARBOR, MICHIGAN

Torsten | Ann Arbor liegt an einem Fluss, dem *Huron River*, und es gibt gar nicht weit vom Stadtzentrum den schönen *Gallup Park*, wo das Wasser zu einem See aufgestaut wurde. Zu diesem Park sind wir nach dem Frühstück mit Mark gefahren, der heute Spätschicht hatte. Beim Spazierengehen kamen wir nach einigen Minuten an einem Bootsverleih vorbei und wir entschieden uns spontan zu einem kleinen Ausflug auf dem Wasser. Das Wetter war einfach herrlich!

Wir liehen uns einen Wassertreter aus, weil Susanne das so wollte, und Mark nahm ein Kanu. Dass wir uns dann alle Schwimmwesten anlegen sollten, fand ich aber total übertrieben. Ich stieg einfach ohne eine solche auf den Wassertreter. Da hatte ich die Rechnung aber ohne den Angestellten des Bootsverleihs gemacht, der vehement darauf bestand, dass ich meine Weste tragen müsse. Als ob wir kleine Kinder wären ... Zuvor hatten wir schon unterschreiben müssen, dass wir den Verleih nicht verklagen würden, falls uns etwas passierte. Beim Fallschirmspringen oder Bergsteigen hätte ich das ja verstanden, aber ich konnte mir beim besten Willen nicht vorstellen, dass wir beim Wassertreten dem Tod ins Auge sehen würden.

Nun ja, wir stießen dann schließlich in See und anfangs lief auch alles ganz wunderbar. Aber als wir in etwa die Seemitte erreicht hatten und ich gerade meine Schwimmweste ablegen wollte, funktionierte plötzlich das Steuerruder nicht mehr. Irgendwas schien zu klemmen. Für uns bedeutete dies, dass wir uns nur noch im Kreis bewegen konnten. Susanne bekam es mit der Angst zu tun. Auch ich wusste nicht, wie wir es zum Ufer schaffen würden. Schwimmen wollte ich nicht unbedingt. Susanne würde vielleicht sogar ernsthafte Probleme bekommen, denn sie war wahrhaftig keine Wasserratte.

Mark hatte schließlich die rettende Idee: Er schlug mit seinem Paddel kräftig gegen das Ruderblatt und schaffte es tatsächlich, dieses so auszurichten, dass wir zumindest geradeaus und in Richtung Ufer fahren konnten. Wir traten kräftig drauflos und hielten direkt auf einige Leute zu, die dort auf einer Bank saßen und total verdutzt schauten, als ich ins kniehohe Wasser sprang und den Treter mit der schluchzenden Susanne darauf so nah wie möglich ans Ufer zog.

Nachdem ich Susanne geholfen hatte, einigermaßen trocken an Land zu kommen, machten wir uns zu Fuß auf den Rückweg zum Bootsverleih, wo wir uns mit Mark treffen wollten.

Die Leute am Ufer staunten wahrscheinlich nicht schlecht, dass wir den Wassertreter einfach so zurückließen. Ich hatte keine Lust, die Umstände zu erklären – dazu war ich einfach zu sauer. Aber jetzt wurde mir wenigstens klar, warum der Bootsverleih solchen Wert darauf legte, dass alle Kunden eine Schwimmweste trugen und auf mögliche Klagen von vornherein verzichteten. Plötzliches technisches Versagen aufgrund von akuter Materialermüdung schien hier beileibe kein Einzelfall zu sein. Wer weiß, wie viele Wassertreter schon auf dem Grunde dieses Sees ruhten ...

Während ich in derartige Gedanken versunken war, hörte ich in einiger Entfernung hinter mir eine Stimme, die irgendwie vertraut klang. Neugierig drehte ich mich um und sah, wie Susanne sich mit einem älteren Herrn im Gras wälzte und schimpfte, während ein anderer Mann und ein kleiner Hund dabei zuschauten. Was war denn da los? Ich begriff erst einmal gar nichts. Der Rentner, der auf Susanne lag, trug Rollschuhe und versuchte vergeblich, wieder auf die Beine zu kommen.

»Nun guck doch nicht so blöd«, rief Susanne, die immer noch ihre Schwimmweste trug, zu mir herüber. »Hilf uns lieber!« Gemeinsam mit dem Hundebesitzer gelang es mir, den Herrn wieder auf die beräderten Beine zu stellen. Er sah etwas mitgenommen aus, rückte aber beherzt seinen Helm zurecht und entschuldigte sich vielmals bei Susanne. Aber eigentlich war es wohl eher ihre Schuld gewesen, dass es zu diesem Zusammenstoß kam. Sie hatte, statt mir zu folgen, mit dem Hündchen gespielt und war dabei in die Bahn des Rollschuh laufenden Senioren geraten.

Zum Glück wurde niemand verletzt! Das wäre auch was gewesen, wenn Susanne, nachdem sie gerade dem Ertrinken entkommen war, nun doch noch im Krankenhaus gelandet wäre – oder wenn der sportliche Opa sich das Genick gebrochen hätte. (Überhaupt, das ist uns heute mehrmals aufgefallen, scheinen ältere Leute hier viel aktiver zu sein als in Deutschland.)

Mark wartete am Bootsverleih auf uns. Sein Rückweg auf dem Wasser war wesentlich kürzer und ereignisärmer gewesen als unserer auf dem Landweg. Er hatte den Leuten vom Verleih schon erklärt, was passiert war und wir bekamen daraufhin ohne Weiteres unser Geld zurückerstattet.

Nach diesem Abenteuer brauchten wir erst einmal eine Stärkung. Deshalb sind wir kurz bei *McDonald's* vorbeigefahren. Mark wollte aber nicht anhalten, sondern schnell durch den *drive-thru* gehen. Damit meinte er den Drive-in. Das gehe viel schneller, sagte er voller Überzeugung. Als wir an der Wechselsprechanlage anhielten, fragte uns Mark, was wir haben wollten.

»Einen Fishmäc und Pommes«, sagte ich. Das hatte ich früher immer gegessen, wenn wir als Studenten zu *McDonald's* gegangen waren. Mark lächelte, und als eine Stimme »*Welcome to McDonald's*« gesagt hatte, bestellte er anscheinend ein Fischfilet und etwas Französisches.

»Mensch«, dachte ich, »was die hier nicht alles haben!« Ich fragte ihn: »Hast du gerade ein Fischfilet bestellt?« Er lachte: »Nein, dein Fishmäc heißt hier Filet-O-Fish.« »Heißt er doch in Deutschland auch schon ewig!«, meldete sich Susanne vom Rücksitz zu Wort. »Wie soll ich denn das wissen, wir sind doch schon seit Jahren nicht mehr bei *McDonald's* gewesen«, gab ich zurück. »Pommes heißen hier übrigens French Fries«, sagte Mark, bevor er sich an Susanne wandte: »Und was möchtest du?«

»Ich nehme einen Ördbörshake«, sagte sie, stolz auf ihr bescheidenes Englisch. »*One strawberry milkshake, please*«, sagte Mark in Richtung Wechselsprechanlage, während ich mich kaputtlachte. »Öördböörshake!«, imitierte ich Susanne und äußerte den Wunsch nach einem Bier, nachdem ich dieses auf der Leuchttafel mit dem Speise- und Getränkeangebot erspäht hatte. »Na, dich hätte hier auch keiner verstanden«, erwiderte sie trotzig. Damit hatte sie vielleicht recht, aber nicht weil mein Englisch so schlecht war wie das ihre, sondern weil die Sachen hier einfach anders heißen.

Das Bier war dann auch kein Bier, sondern irgendwas Abscheuliches, das wie eine Mischung aus Hustensaft und Geschirrspülmittel schmeckte und das ich einfach nicht hinunterwürgen konnte. Mir blieb nichts anderes übrig: Ich spuckte es aus dem Autofenster. »Stimmt was nicht?«, fragte Mark schmunzelnd, während ich den eben erlebten Geschmacksgau noch verarbeitete und innerlich debattierte, ob ich vielleicht eine jener Biermarken erwischt hatte, die den schlechten Ruf des amerikanischen Bieres begründeten oder ob da jemand was verwechselt hatte. Ich entschied mich für Letzteres, denn so abscheulich konnte nun wirklich kein Bier auf der ganzen Welt schmecken.

»Ich glaube, das ist kein Bier«, sagte ich, vor Ekel zitternd und kaum in der Lage zu sprechen. Mark brach in schallendes Gelächter aus. »Das ist *root beer!*« Nachdem er sich beruhigt hatte, erklärte er mir, dass das so eine Art Malzbier ist – und dass man damit aufgewachsen sein muss, um es zu mögen. »Das schmeckt ganz lecker mit einer Kugel Vanilleeis drin«, meinte er. Das glaubte er doch wohl selber nicht!

Was ist diesmal schiefgelaufen?

Das Missgeschick mit dem Wassertreter hat sicher nichts mit den USA zu tun, das hätte woanders auch passieren können. Und dass man eine Schwimmweste anlegen muss, liegt nicht an der drohenden Materialermüdung, sondern daran, dass Amerikaner sehr sicherheitsbewusst sind und lieber vorbeugen, als sich dann mit den gesundheitsschädigenden bzw. tödlichen Folgen eines Unfalles oder mit einem Rechtsstreit herumschlagen zu müssen. Dies hat zur Folge, dass beinahe jeder Fahrradfahrer in den USA einen Helm trägt, ebenso wie Kinder auf Tretrollern und Leute auf Rollschuhen. Der schriftliche Verzicht auf eine Klage im Schadensfall ist ebenfalls die Norm, wenn man Boote, Wassertreter, Fahrräder oder Ähnliches ausleiht.

Dass Susanne mit dem Rollschuhläufer zusammengestoßen war, der in dem Moment sicher in Sachen Helmtragen bestärkt wurde, lag wohl in erster Linie daran, dass sie nicht aufgepasst hatte. Spaziergänger, Fahrradfahrer und Rollschuhläufer benutzen in amerikanischen Parkanlagen oft dieselben Wege, ohne dass es zu nennenswerten Zwischenfällen kommt. Fahrräder haben in den USA normalerweise keine Klingel und Fahrradfahrer machen sich daher einfach durch den Zuruf »*On your left!*« bzw. »*On your right!*« bemerkbar, wenn sie jemanden von hinten überholen wollen. Rollschuhläufer machen auf die gleiche Weise auf sich aufmerksam, falls das notwendig sein sollte. Susanne ist also entweder plötzlich in die Bahn des älteren Herren gesprungen, als sie mit dem Hündchen spielte, oder sie hat seinen Warnruf nicht gehört. Möglicherweise traf sogar beides zu.

Guten Appetit: *Root beer* und *Filet-O-Fish*

Im Großen und Ganzen ähneln sich die Filialen von *McDonald's* natürlich weltweit. Bei den Details kann es aber eine Menge kleine und große Unterschiede geben. Z. B. kann man bei *McDonald's* in den USA, im Gegensatz zu den deutschen Niederlassungen, kein Bier bekommen.

Das von Torsten irrtümlicherweise bestellte *root beer* ist ein alkoholfreies Getränk aus Kräuter- bzw. Wurzelextrakten, an dem wohl nur die wenigsten Europäer Gefallen finden. Es ist in den USA und Kanada beliebt und wird oft mit dem deutschen Malzbier verglichen.

Dieser Vergleich, den auch Mark gezogen hatte, ist jedoch nicht richtig. Malzbier wird aus Gerstenmalz, Hefe, Zucker und Kohlensäure hergestellt und schmeckt ganz anders als *root beer*, das ursprünglich aus den Wurzeln des Lorbeergewächses Sassafras hergestellt wurde. Heutzutage wird der Sassafras-Geschmack jedoch künstlich erzeugt und oft durch andere Geschmacksstoffe, wie z. B. Vanille oder Muskat, ergänzt.

In Nordamerika gibt es Hunderte Wurzelbier-Marken, die alle nach verschiedenen Rezepten hergestellt werden. Die Bekannteste ist *A&W*, die es schon seit 1922 gibt. In den USA gibt es auch mehr als 200 *A&W*-Restaurants, die für ihre sogenannten *root beer floats* bekannt sind. Dabei handelt es sich um ein Glas *root beer*, in dem, wie Mark erwähnt hatte, eine Kugel Vanille-Eis schwimmt. Eine andere beliebte Version mit Schoko-Eis wird *chocolate cow* oder *brown cow* genannt. Soweit die Fakten. Warum die Amerikaner *root beer* köstlich finden, bleibt unerklärlich.

Pommes Frites heißen in den USA *French fries*. Bemühungen konservativer Politiker, die frittierten Kartoffelstreifen wegen der mangelnden Unterstützung des Irak-Krieges durch die französische Regierung in *freedom fries* umzubenennen und die (ahnungslosen) Franzosen auf diese Weise zu »bestrafen«, fruchteten allerdings nicht.

Der Fishmäc, der in den USA schon immer und seit einiger Zeit nun auch, wie Susanne richtig bemerkte, in Deutschland Filet-O-Fish heißt, wurde 1962 von Lou Groen erfunden, der eine *McDonald's*-Filiale in Cincinnati (im Bundesstaat Ohio) betrieb und dessen Kundschaft hauptsächlich aus Katholiken bestand. Da diese am Freitag keine Hamburger kauften, kreierte er zum Ausgleich des Umsatzverlustes an diesem Tag einen Fisch-Burger.

Die Konzernleitung von *McDonald's* hatte sich zu dieser Zeit auch schon Gedanken über eine fleischlose Alternative gemacht: Der *hula burger* hatte statt Fleisch eine Ananas-Scheibe in der Mitte. Im Testverkauf setzte sich das Fisch-Sandwich allerdings auf Anhieb durch und begann damit seinen weltweiten Siegeszug.

Der Hamburger wurde übrigens nicht von *McDonald's* erfunden. Die älteste Hamburger-Fastfood-Kette ist vielmehr *White Castle*. Das Unternehmen wurde 1921 in Wichita (Kansas) gegründet und hat heute 420 Filialen, die hauptsächlich im Mittleren Westen und im Großraum New York zu finden sind.

Die Gründer, der Koch Walter Anderson und der Versicherungsverkäufer Billy Ingram, mussten anfangs aber erst einmal die Hackfleisch-Abneigung der amerikanischen Bevölkerung überwinden. Der Schriftsteller Upton Sinclair hatte nämlich 1906 in seinem Roman *The Jungle* einem Massenpublikum die hygienischen Missstände in den Schlachthöfen und Konservenfabriken Chicagos vor Augen geführt. Um den Eindruck kompletter Reinlichkeit zu vermitteln, wurden die *White-Castle*-Restaurants, die damals wie heute ein wenig wie kleine mittelalterliche Festungen aussehen, außen mit weißer Emaille verkleidet und innen mit viel Edelstahl versehen. Die Angestellten waren in makellos saubere Uniformen gekleidet. Die Restaurants maßen nur 8,5 mal 8,5 Meter und wurden als Bausätze geliefert.

Walter Anderson erfand nicht nur den Hamburger, sondern entwickelte auch die Fließbandmethode in der Küchenarbeit, die sich schnell und ohne großen Aufwand an unausgebildete Arbeitskräfte vermitteln ließ. Damit einher ging eine Standardisierung der Speisen, sodass die Kunden in jedem *White-Castle*-Restaurant das Gleiche erwarten konnten. Damit war das moderne Fast Food geboren.

A&W, der oben erwähnte Root-Beer-Hersteller, entwickelte dann 1924 das Franchise-Konzept, d.h. die Eröffnung von Lizenzbetrieben durch selbständige Betreiber, die den Markennahmen, die Ausstattung und die Produkte der Mutterfirma nutzen. Bald schossen überall Fast-Food-Restaurants aus dem Boden. Heutzutage gibt es z.B. mehr als 30.000 *McDonald's*-Restaurants in den USA, die als Franchise betrieben werden.

DER UNTERSCHIED ZWISCHEN *DRIVE-IN* UND *DRIVE-THRU*

In den USA parkt man bei einem *drive-in* an individuellen Wechselsprechanlagen, die rund um das jeweilige Fast-Food-Restaurant aufgestellt sind, und gibt dort seine Bestellung durch. Einige Minuten später werden Essen und Getränke zum Auto gebracht und in der Regel auf ein Tablett, das am heruntergekurbelten Fenster festgemacht wird, gestellt. Die meisten Leute essen dann gleich an Ort und Stelle im Auto.

Bei einem *drive-thru* bestellt man ebenfalls über eine Wechselsprechanlage, man fährt aber danach kurz an ein Seitenfenster des Restaurants heran, wo einem das Bestellte ins Auto gereicht wird. Viele Schnellrestaurants auf beiden Seiten des Atlantiks bieten diesen Service, der in Deutschland jedoch oft fälschlicherweise als Drive-in bezeichnet wird, womöglich weil es leichter auszusprechen ist. Den Begriff *McDrive*, den *McDonald's* in Deutschland verwendet, gibt es in den USA nicht.

Den *drive-in* gab es lange vor dem *drive-thru*. Der erste *drive-in* wurde 1921 in Dallas unter dem Namen *Pig Stand* eröffnet. Die Firma gleichen Namens, die als erstes Restaurant in Amerika *fried onion rings* anbot und die heute noch Filialen in Beaumont, San Antonio und Houston betreibt, wuchs schnell und die Idee fand viele Nachahmer.

McDonald's läutete in den Vierzigerjahren den Niedergang der *drive-in*-Restaurants ein, als man die Kunden dazu bewegte, sich das Essen selbst vom Gebäude zu holen, statt es sich bringen zu lassen. Überraschenderweise nahm die Kundschaft diesen Rückschritt in Sachen Service hin. Der niedrige Preis der Speisen muss wohl eine Rolle gespielt haben.

1951 begann *Jack in the Box* dann als erstes Unternehmen, das Essen aus einem Seitenfenster des Restaurants ins Auto zu reichen, nachdem es zuvor über eine Wechselsprechanlage bestellt wurde. Damit war der *drive-thru* geboren. Die meisten Fast-Food-Restaurants haben heute diesen Service. Es gibt aber auch viele Banken, Apotheken und andere Geschäfte, die einen *drive-thru* haben. In Las Vegas kann man sogar in einem speziellen *drive-thru* heiraten.

Von den 3.500 Filialen der 60 Jahre alten Fast-Food-Kette *Sonic* einmal abgesehen, sind Drive-in-Restaurants heutzutage nur noch selten zu finden, ebenso wie die Drive-in-Freiluftkinos, in denen man Filme im Auto sitzend anschauen kann. Das erste dieser Drive-ins wurde 1933 in Camden, New Jersey, eröffnet. Mitte der Fünfzigerjahre erreichten diese Kinos mit mehr als dreieinhalbtausend Spielstätten ihren Höhepunkt. Heutzutage sind weniger als 600 übrig geblieben.

4 DAS TISCHGEBET

26. JULI, ANN ARBOR, MICHIGAN

Torsten | Mein Opa hat immer diesen Spruch gehabt, den von der Kirche im Dorf lassen und so. Nun ja, die Amerikaner lassen die Kirche jedenfalls nicht dort, nein, sie nehmen sie mit nach Hause – und zwar bis an den Esstisch.

Sarah hatte für uns heute Abend eine Lasagne gekocht. Als wir alle am Tisch saßen, sagte ich höflich »Guten Appetit!« und wollte schon nach dem Besteck greifen, als Sarah plötzlich meine Hand nahm und auch die von Mark, der schon Susannes kleine Hand in seiner gewaltigen Krankenpflegerpranke hielt. Was zum Teufel war denn jetzt los?

Während Mark und Sarah den Kopf gesenkt hatten und Susanne und ich uns fragend ansahen, fing Mark mit dem Beten an. Das Ganze zog sich in die Länge. Mark sagte irgendwas von Brot (obwohl wir doch Lasagne essen würden) und auch unsere Namen fielen. Am Ende folgte Marks »Amen!«, auch Sarah sagte »Amen!« und drückte meine Hand gleichzeitig etwas fester.

Susanne stimmte ebenfalls mit einem »Amen!« ein und sah mich eindringlich an. Ich aber wollte nichts sagen, schließlich bin ich kein Christ – und überhaupt, so ein Gruppenzwang war doch wohl eher typisch für den Ostblock gewesen, und diese Zeiten sind ja nun Gott sei Dank vorbei. Mark und Sarah sahen mich ebenfalls erwartungsvoll an, aber nachdem wir uns alle etwa drei Sekunden lang angestarrt hatten, begann Mark einfach wortlos mit dem Essen. Nichts von wegen »Guten Appetit!« oder so. Ich habe zwar keine Ahnung, wie man das auf Englisch sagt, aber jedenfalls sagte er gar nichts in dieser Richtung. Ich befürchtete schon, dass er sauer war, weil ich nicht mitgebetet hatte. Dann aber fingen er und Sarah an, sich ganz normal mit uns zu unterhalten, so als ob überhaupt nichts gewesen war, und wir hatten noch einen sehr schönen Abend zusammen.

Nachtragend schienen die beiden jedenfalls nicht zu sein. Wahrscheinlich waren sie als Christen einfach sehr geübt im Vergeben ... Nur zweimal bemerkte ich, wie sich die beiden vielsagend anschauten, das erste Mal, als ich mir nach dem Essen die Nase laut ausschnaubte, und dann eine Minute später, als ich zu Sarah sagte, dass ihre Lasagne »nicht schlecht« war. Warum sie daraufhin ganz still war, weiß ich nicht, aber manche Leute werden ja verlegen, wenn sie gelobt werden.

Susanne | Also, ich bin ja auch nicht christlich, aber wir sind doch hier Gäste und irgendwie war es doch auch nett, dass Sarah und Mark für uns gebetet haben. Da muss man sich doch nicht so anstellen und auf seinem Standpunkt beharren.

Beim Händehalten ist mir übrigens aufgefallen, dass die beiden ihre Eheringe an der linken Hand trugen und dass Sarah dazu noch einen schönen Diamantring am selben Finger hatte. Das war natürlich der Verlobungsring, und Sarah erklärte mir, dass die amerikanischen Frauen den Ring nach der Hochzeit auch weiterhin an diesem Finger tragen, allerdings wird der Ehering nun zuerst aufgesteckt. Das machen ja auch bei uns immer mehr Frauen, nur an der rechten Hand. Mark meinte noch, ganz unromantisch, dass der Mann in vielen Bundesstaaten der rechtmäßige Eigentümer des Verlobungsringes bleibt. Kommt es vor der Hochzeit zu einer Trennung, muss die Frau ihn zurückgeben. Da kann man mal sehen, wer die Gesetze macht!

Was ist diesmal schiefgelaufen?

Drei Viertel der Amerikaner haben eine mehr oder weniger religiöse Lebenseinstellung und insbesondere das Christentum spielt in den USA eine weitaus größere Rolle, als das vielerorts im deutschsprachigen Raum heutzutage noch der Fall ist. Daher kann es durchaus sein, dass man bei einer Familie zu Gast ist, die vor dem Essen ein Tischgebet bzw. das Vaterunser spricht. Die Höflichkeit gebietet es, sich diesem nicht aktiv zu entziehen oder zu verweigern, auch wenn Sie selbst z. B. Atheist sind.

Diskussionen und abwertende Bemerkungen zum Thema Religion sollte man in den USA darüber hinaus ganz generell vermeiden, insbesondere am Arbeitsplatz. Für die meisten Amerikaner ist Religion ohnehin eine Privatangelegenheit und auf die Religionsgemeinschaft und das Zuhause beschränkt.

Das Amen am Ende des Gebetes und damit unmittelbar vor dem Essen nimmt zudem in gewisser Weise auch die Funktion des »Guten Appetit!« ein. Wenn vor dem Essen nicht gebetet wird, z. B. wenn Sie mit einer weniger religiösen Familie oder im Restaurant essen, sollten Sie daher nicht überrascht sein, wenn die am Tisch Sitzenden einfach drauflos essen. Zwar kann man *»Enjoy your meal!«* sagen (und die Kellner sagen das auch in der Regel, nachdem sie das Essen auf den Tisch gestellt haben), man muss es aber nicht. Auch steht es eher den Gastgebern zu, dies zu sagen, insbesondere wenn diese das Essen zubereitet haben.

Mit Lob sollte man allerdings nicht sparen, wenn man zum Essen eingeladen wurde. Die deutsche Redewendung »nicht schlecht«, also *not bad*, reicht da nicht aus. Stellen Sie sich einmal vor, dass Sie sich in der Küche abgerackert haben und Ihre Gäste bezeichnen das Essen dann mit »ganz gut«. Sagen Sie daher lieber, dass das Essen *great* (großartig) oder *yummy* (lecker) war, auch wenn das etwas übertrieben scheint oder das Essen vielleicht wirklich nicht so besonders geschmeckt hat.

Wenn Sie sich längere Zeit in den USA aufhalten, werden Sie feststellen, dass Amerikaner mit Lob generell sehr großzügig umgehen und insbesondere Kinder für jede Kleinigkeit gelobt werden. Daran muss man sich zwar erst einmal gewöhnen, aber wenn man es einmal genauer betrachtet, wird man feststellen, dass viele Situationen dadurch eine positivere Atmosphäre haben und dass Kinder in richtigen Verhaltensweisen bestärkt werden. Damit wird die in Amerika vorherrschende Einstellung, dass sich jedes Problem bewältigen lässt, wenn man es nur will, schon von Kindesbeinen an entwickelt. Wie realistisch und lebensnah ein solches Herangehen ist und ob den Kindern damit wirklich ein Gefallen erwiesen wird, darüber kann man sich natürlich streiten. Aber hier soll es ja in erster Linie darum gehen, Dinge zu erklären, die man in den USA beobachten kann, und nicht darum, ob sie letztendlich auf der Grundlage unserer eigenen Maßstäbe wirklich Sinn machen. Also sparen Sie nicht mit Lob, auch wenn Sie sich dabei anfangs vielleicht ein wenig merkwürdig vorkommen.

Eine andere Sache, die sich für Sie als Neuling in den USA möglicherweise als gewöhnungsbedürftig erweisen wird, ist die Abneigung der Amerikaner gegenüber dem Nase ausschnauben in Gemeinschaft – und besonders am Esstisch. Hier erwartet man eine gewisse Diskretion. Falls Ihnen nur die Nase läuft, können Sie ohne Weiteres ein Taschentuch benutzen, ein lautes Ausschnauben sollten Sie jedoch, anders als Torsten das tat, vermeiden. Gehen Sie am besten kurz auf die Toilette oder zumindest aus dem Raum.

Trennung von Staat und Kirche – oder doch nicht?

In der amerikanischen Verfassung sind sowohl Religionsfreiheit als auch Trennung von Staat und Kirche verankert. Beide Prinzipien überschneiden sich jedoch in vielen Bereichen. So steht z. B. auf amerikanischen Geldscheinen und Münzen *In God We Trust* (Wir vertrauen auf Gott). Auch kann man Geldbeträge, die man religiösen Organisationen spendet, von der Steuer absetzen. Anders als in

Deutschland treibt der Staat jedoch keine Kirchensteuer ein; man gibt vielmehr das Geld, oft zehn Prozent seines Einkommens, selbst an die jeweilige religiöse Vereinigung bzw. Kirche, in der man Mitglied ist.

Die Trennung von Staat und Kirche untersagt organisiertes Gebet und Religionsunterricht an öffentlichen Schulen. Wer diese Dinge jedoch für wichtig hält, kann sein Kind auf eine private Schule schicken, die von einer Religionsgemeinschaft getragen wird. Insbesondere katholische Schulen sind aufgrund ihrer starken Ausrichtung auf Disziplin und Unterrichtsqualität auch bei nicht- oder andersreligiösen Eltern beliebt. Der Besuch dieser Schulen ist aber oft mit recht hohen Gebühren verbunden.

Die bereits erwähnte Trennung von Staat und Kirche trifft auf den Unwillen einiger sehr konservativer Christen. Diese einflussreiche politische Strömung, die als sogenannte *Christian Right* in der Republican Party beheimatet ist, hat u. a. die Zulassung von Gebeten in staatlichen Schulen und das landesweite Verbot von Abtreibungen zum Ziel. Für die meisten Amerikaner ist Religion jedoch eine Privatangelegenheit, über die außerhalb der Familie und der Glaubensgemeinschaft nicht gesprochen wird.

RELIGIONSLANDSCHAFT IM UMBRUCH

Die religiöse Landschaft der Vereinigten Staaten hat sich in den letzten Jahren stark verändert. Während 2007 die Bevölkerung in 37 Bundesstaaten mehrheitlich aus weißen Christen bestand, war das laut einer Studie des Public Religion Research Institute 2016 nur noch in weniger als der Hälfte der Staaten der Fall. Über einen längeren Zeitraum betrachtet sind die Veränderungen noch dramatischer: 1976 identifizierten sich 81 Prozent der US-Bevölkerung als weiße Christen, 2016 nur noch 43 Prozent.

Die Katholische Kirche in den USA ist dem stärksten Wandel unterworfen. Zum einen ist ihr Anteil an der Gesamtbevölkerung in nur zehn Jahren (2006-2016) von 16 Prozent auf 11 Prozent gefallen, zum anderen ist die Zahl der weißen Katholiken innerhalb von 25 Jahren von 87 Prozent auf 55 Prozent gesunken. Bei den Katholiken unter 30 stellen Hispanics mittlerweile die Mehrheit.

Ein starker Zuwachs bei anderen Religionen ist jedoch nicht zu verzeichnen: 2 Prozent der Bevölkerung sind Juden, und Muslime, Buddhisten und Hindus machen jeweils nur rund 1 Prozent aus. Nichtchristliche Religionen haben allerdings einen wesentlich größeren Anteil an jungen Menschen als christliche Glaubensgemeinschaften, die Mormonen, deren Zahlen auch insgesamt stabil sind, einmal ausgenommen.

Vielmehr hat sich die Zahl der Menschen, die keiner Glaubensgemeinschaft angehören, seit Anfang der Neunzigerjahre verdreifacht und liegt jetzt bei 24 Prozent. Die Tendenz ist steigend, denn unter jungen Leuten (18-29 Jahre) beträgt diese Zahl sogar 38 Prozent. Allerdings bezeichnen sich nur ein Viertel derjenigen, die in keiner Glaubensgemeinschaft Mitglied sind, als Atheisten oder Agnostiker.

5 WASCHBÄREN UND DIE PEST

27. JULI, ANN ARBOR, MICHIGAN

Susanne | Unsere Gastgeber sind, und das hat mich sehr überrascht, leider nicht sehr tierlieb, von ihrem eigenen Hund einmal abgesehen. Ich hatte mich heute Morgen, Torsten schlief noch, mit einer Tasse Kaffee auf die Veranda hinterm Haus gesetzt. Als ich mir gerade eine Zigarette anstecken wollte, rannten plötzlich vier kleine Waschbären durchs Gras. Die waren bestimmt erst ein paar Wochen alt und sahen sehr putzig aus. Ich bin natürlich gleich hin zu ihnen. Das Gras war noch ganz kühl und nass unter meinen nackten Füßen. Die kleinen Waschbären waren ganz lieb und sind um meine Füße herumgetollt. Max hat wie verrückt hinter der Verandatür getobt. Wahrscheinlich wollte er mitspielen.

Plötzlich stand jedoch Sarah mit ärgerlichem Gesicht auf der Veranda und rief nach Mark. Ich sagte ihr, dass ich noch nie wilde *Washbears* gesehen hatte. »*Washbears?*«, fragte Sarah zurück und sagte dann noch etwas von der Pest. Übertragen Waschbären etwa die Pest? Das war mir neu und außerdem waren wir doch nicht mehr im Mittelalter! Mark kam mit dem Handy in der Hand nach draußen. Er bedeutete mir, auf die Veranda zu kommen. Wir gingen alle ins Haus, Sarah schloss die Tür und sprach wieder von der Pest, vor der sie anscheinend ganz schön Angst hatte, womöglich weil sie schwanger war. Eine halbe Stunde später kam dann tatsächlich ein Pick-up mit der Aufschrift *Pest Control* vorgefahren. Ein uniformierter Mann stieg aus und nahm Gitterkäfige von der Ladefläche, die er dann im Garten aufstellte und in die er etwas Weißes hineinlegte. Wahrscheinlich Gift!

Heute Abend, gleich nach Einbruch der Dunkelheit, werde ich mich in den Garten schleichen und die giftigen Köder aus den Käfigen nehmen. Ich habe jedenfalls keine Angst vor der Pest und die kleinen Waschbären sind viel zu niedlich, um einfach vergiftet zu werden!

Torsten | Nun ja, diese Angst vor der Pest ist wirklich etwas übertrieben, aber ich glaube, wir sollten uns da nicht einmischen. Trotzdem frage ich mich, warum wir in Deutschland noch nie etwas von der Pestgefahr in Amerika gehört haben.

Was ist diesmal schiefgelaufen?

Die Bezeichnung Waschbär kennen die Amerikaner nicht; bei ihnen heißt dieses Tier *raccoon*. In der Regel finden sie diese nachtaktiven Vierbeiner auch nicht besonders putzig, sondern betrachten sie eher als lästige Plagegeister. Das liegt in erster Linie daran, dass sich Waschbären im menschlichen Umfeld sehr wohl fühlen und ihre Bevölkerungsdichte in Städten bis zu 20 Mal höher als in der Natur ist. Zudem sind Mülltonnen, die sie mit ihren Pfoten geschickt öffnen können, ihre Hauptnahrungsquelle. Die meisten Leute haben leichte Plastiktonnen hinter ihrem Haus stehen, die von den Waschbären einfach umgeworfen, geöffnet und dann nach Essbarem durchsucht werden. Dabei wird der Inhalt der Mülltonnen im Umkreis verstreut und muss dann am nächsten Morgen wieder eingesammelt werden. Zusätzlich nisten sich Waschbären gerne auf Dachböden und in Zwischenwänden ein und machen dort mitunter viel Lärm, insbesondere zur Paarungszeit.

Da das englische Wort für Plage *pest* ist, hatte Sarah jedoch nicht Angst vor der mittelalterlichen Seuche, sondern machte nur ihrem Ärger über die nervenden Waschbären Luft. Wer Waschbären in seinem Haus oder Garten findet, kann einen Service rufen, der in der Regel *pest control* heißt und im Branchentelefonbuch unter diesem Stichwort zu finden ist. Die *pest control* stellt Fallen auf und setzt die eingefangenen Tiere dann meist im Wald aus.

Die in Deutschland lebenden Waschbären sind allesamt Nachkommen von Tieren, die Mitte des 20. Jahrhunderts hauptsächlich zur Pelzerzeugung aus Amerika eingeführt wurden. Einige wurden in den Dreißigerjahren ausgesetzt bzw. konnten durch Kriegseinwirkungen in den Vierzigerjahren aus ihren Gehegen entkommen. In Deutschland weist allerdings nur die Stadt Kassel eine Waschbärbevölkerung auf, die mit denen amerikanischer Städte zu vergleichen ist.

MARSHMALLOWS & S'MORES

Die besten Köder für Waschbären sind merkwürdigerweise *marshmallows*, d.h. schwammartige weiße Süßigkeiten aus Geliermittel und Zucker, die von Amerikanern gerne auf Stöcke gespießt, über dem Lagerfeuer geröstet und dann zusammen mit einem großen Stück Schokolade zwischen zwei *graham crackers* gepresst als sogenannte *s'mores* gegessen werden.

Die Bezeichnung *marshmallow* stammt übrigens daher, dass diese Süßigkeit ursprünglich aus den Wurzeln der Sumpfmalve (*marsh* = Sumpf, *mallow* = Malve) hergestellt wurde. Das Wort *s'more* ist eine Verkürzung von *some more* und stammt aus den Zwanzigerjahren, als die *girl scouts* (Pfadfindermädchen) diese anscheinend erstmalig am Lagerfeuer zubereiteten.

Vorsicht vor wilden Tieren!

An dieser Stelle sei darauf hingewiesen, dass Sie wilde Tiere natürlich nicht berühren sollten, da es in den ganzen USA, ausgenommen in Hawaii, Tollwut gibt. Falls Sie von einem wilden Tier gebissen werden, ist es ratsam, schnellstmöglich einen Arzt aufzusuchen und sich gegen Tollwut impfen zu lassen. Wenn Sie nachtaktive Tiere wie Waschbären, Stinktiere *(skunks)*, Beutelratten *(opossums)* und Fledermäuse *(bats)* während des Tages sehen, sollten Sie besonders vorsichtig sein, da es sich hier oft um kranke Tiere handelt. Wenn Sie von einem Hund gebissen werden, ist es ratsam, sich vom Besitzer den Nachweis über die gesetzlich vorgeschriebene Tollwutimpfung erbringen zu lassen.

6 GESUNDHEIT!

27. JULI, ANN ARBOR, MICHIGAN

Torsten | Heute wollten wir unsere mitgebrachten Euros umtauschen gehen. Also machten wir uns auf den Weg ins Stadtzentrum. In der *Main Street* hatten wir gestern beim Vorbeifahren mehrere Banken entdeckt und da wollten wir zuerst einmal die Umtauschkurse vergleichen.

Als wir in die *Bank of America* reinmarschierten, wurden wir auch freudig begrüßt. Ich hielt nach einem Schild mit dem Umtauschkurs Ausschau, konnte aber keines entdecken. Die Frau hinter dem Schalter schüttelte den Kopf, als ich ihr unsere Euros zeigte und sie meinte, dass sie diese nicht umtauschen würden. Merkwürdig. Also gingen wir zur *Chase Bank* auf der anderen Straßenseite. Die wollten auch keine Euros! Der Mann hinter dem Schalter sagte uns aber, dass wir zu einem Reisebüro bei der Uni gehen sollten. Er schrieb die Adresse auf und malte sogar eine kleine Skizze. Wir machten uns also auf den Weg.

Die Fußgängerampeln sind hier in den USA übrigens etwas anders als zu Hause. Ein weißes Männchen zeigt an, dass man die Straße überqueren darf und eine orange Hand bedeutet, dass man warten muss. Bevor die Ampel auf Gehverbot umschaltet, blinkt die Hand aber erst einmal für einige Sekunden, damit man weiß, dass man sich beeilen muss. Bei einigen Ampeln laufen auch wie bei einem Countdown die Sekunden rückwärts, die man noch Zeit hat, um sicher über die Straße zu kommen. Viele Leute kümmern sich jedoch überhaupt nicht um die Ampeln und gehen einfach rüber, wenn kein Auto kommt. Susanne und ich haben uns da beinahe in aller Öffentlichkeit in die Haare gekriegt, denn sie wollte sich unbedingt an die Anordnung der Ampel-Hand halten und warten, obwohl weit und breit kein Auto zu sehen war. Susannes uneingeschränkter Respekt vor der Staatsmacht ist manchmal wirklich nicht normal und schließt auch Ampeln nicht aus.

Nachdem wir die *Liberty Street* hoch gelaufen waren, und dabei drei weiteren Ampeln unsere Unterwürfigkeit beweisen mussten, kamen wir an einem großen Buchladen vorbei und gingen dort rein, um nach einem Reiseführer für Chicago zu schauen. Es gab mindestens zehn verschiedene Bücher, von denen wir das billigste kauften, da wir ja nur ein paar Tage in Chicago bleiben werden. Was mir in dem Buchladen besonders auffiel, waren die vielen Preisreduzierungen.

Gleich beim Eingang gab es ein Regal mit den aktuellen Bestsellern, die allesamt 40 Prozent im Preis gesenkt waren. Susanne meinte, dass es in den USA keine Buchpreisbindung wie bei uns gebe.

Der Reiseführer für Chicago kostete 10,95 Dollar, so stand es jedenfalls auf dem aufgeklebten Sticker auf der Rückseite. An der Kasse wollten sie dann aber plötzlich 11,63 Dollar. Ich dachte erst, das sei ein Fehler, aber der Verkäufer bestand auf den Preis. Mir war heute nicht nach Diskutieren zumute und ich hatte auch irgendwie das Gefühl, dass das wahrscheinlich seine Richtigkeit hatte, denn der Verkäufer war sich ganz sicher gewesen, dass alles stimmte. Ich hatte ihm ja den Preis auf dem Buch gezeigt und er hatte genickt und dann etwas gesagt, was ich nicht verstand.

Am Ende war ich froh, dass ich nicht weiter rumdiskutiert habe, denn ein Blick auf den Kassenzettel verschaffte Aufklärung: Zum Preis des Buches wurden noch sechs Prozent Verkaufssteuer hinzugerechnet. Bei uns in Deutschland ist das besser, finde ich. Wenn die Mehrwertsteuer schon im Preis mit drin ist, weiß man wenigstens, was etwas wirklich kostet und wird nicht an der Kasse überrascht.

Die nächste Überraschung kam, als wir aus dem Buchladen heraustraten und ich plötzlich laut niesen musste – das war aber auch wieder kalt gewesen in dem Laden! Ein glatzköpfiger Mann, der uns entgegen kam, sagte freundlich »Gesundheit!«, worauf ich ein fröhliches »Danke« erwiderte und fragte, ob er wüsste, wo das Reisebüro sei, das wir zum Geldwechseln suchten. Der Mann lachte und sagte: *»I'm sorry, Sir, I don't speak German!«*

Aber hatte er nicht gerade »Gesundheit!« gesagt? Nun gut, ich erklärte ihm mein Anliegen dann eben noch mal auf Englisch und er zeigte uns auf unserer Skizze, wo wir hinmussten. In dem Reisebüro haben sie dann auch unser Geld umgetauscht, aber irgendwie war das alles doch sehr umständlich. Falls wir noch einmal hierher kommen, werden wir alles schon zu Hause umtauschen oder einfach Geld am Automaten abheben.

Was ist diesmal schiefgelaufen?

Grundsätzlich enthalten Preisangaben in den USA, sowohl bei Waren als auch bei Dienstleistungen, noch nicht die Verkaufssteuer. Diese wird erst an der Kasse dazugerechnet und ist je nach Bundesstaat unterschiedlich hoch. Meistens liegt sie bei sechs Prozent, in manchen Staaten beträgt sie jedoch nur drei und in anderen wiederum bis zu neun Prozent. Fünf Staaten, nämlich Alaska, Delaware, Montana, New Hampshire und Oregon, kommen ganz ohne Verkaufssteuer aus. In Hawaii werden nicht die Kunden direkt, sondern die Unternehmen besteuert. Manche Staaten erheben eine relativ geringe Verkaufssteuer, wie New York mit vier Prozent, aber dazu kommen dann noch von den Lokalverwaltungen erhobene Verkaufssteuern, sodass diese bei Kunden in New York City beispielsweise am Ende fast neun Prozent betragen. In einigen Staaten werden Lebensmittel besteuert, in anderen nicht. In Michigan z. B. sind Nahrungsmittel aus dem Laden steuerfrei, im Restaurant wird die *sales tax* jedoch erhoben, weil hier theoretisch nicht das Essen, sondern der Service besteuert wird.

BARGELD UND KREDITKARTEN

Bargeld brauchen Sie hauptsächlich für Parkuhren, Getränkeautomaten und mitunter auch für Cafés und Kneipen. Die meisten Geschäfte und Restaurants akzeptieren jedoch auch Kreditkarten aller Art. Beim Mieten eines Autos oder beim Buchen eines Hotelzimmers sind diese sogar unverzichtbar. Mit Visa und Mastercard können Sie praktisch überall bezahlen, bei American Express und Discover gibt es Einschränkungen. Falls ein Restaurant nur Bargeld akzeptiert, was z. B. in New York City oft der Fall ist, weist normalerweise ein Schild mit der Aufschrift *cash only* darauf hin. Umgekehrt gibt es aber auch schon vereinzelt Cafés und Geschäfte, in denen man nur mit Kreditkarte zahlen kann.

Und wenn jemand niest, sagen die Amerikaner entweder »*Bless you!*« oder »Gesundheit!«, und der Nieser wird sich dann in der Regel dafür bedanken. Viele Amerikaner sagen »Gesundheit«, ohne zu wissen, was dieses von den deutschen Einwanderern mitgebrachte Wort bedeutet. Falls Sie niesen müssen, sollten Sie unmittelbar nach dem Niesen »*Excuse me!*« sagen.

Andere häufig verwendete Wörter deutschen Ursprungs sind: *angst, blitzkrieg, doppelganger, hausfrau, hinterland, kindergarten, kitsch, rucksack, schadenfreude, wanderlust, weltschmerz, wunderkind* und *zeitgeist.*

7 ANDERE LÄNDER, ANDERE KNEIPENSITTEN

28. JULI, ANN ARBOR, MICHIGAN

Torsten | Mark und Sarah mussten gestern Abend länger arbeiten und so sind wir alleine in eine nahe gelegene Kneipe mit dem Namen *Old Town* gegangen. Vor dem Ersten Weltkrieg hatte diese Kneipe »Bismarck« geheißen, so stand es jedenfalls auf der Rückseite der Speisekarte. Wie Mark und Sarahs Haus befand sie sich ebenfalls in der *Liberty Street*, die früher einmal Freiheitsstraße hieß. Sie war in einem dreistöckigen Backsteingebäude untergebracht. Drinnen in der Kneipe waren die gemauerten Wände ebenfalls unverputzt, was für eine gemütliche Atmosphäre sorgte. An der Wand hing ein riesiges Gemälde mit einer nackten Frau. Merkwürdig – ich dachte immer, die Amerikaner seien so prüde ... Daneben hing eine eingerahmte Zeitung aus dem Jahr 1945 mit der Schlagzeile *Germany surrenders*. Ich nehme mal an, dass damit die deutsche Kapitulation gemeint war. An jenem Tag ging es hier bestimmt hoch her und in Deutschlands Kneipen war tote Hose.

Im *Old Town* war gestern Abend allerdings auch nicht viel los, aber immerhin hatten sie dort Hacker-Pschorr Weißbier aus dem besiegten Deutschland. Am Nachbartisch sah ich ein großes Glas stehen, das wie die amerikanische Version eines deutschen Maßglases aussah. Ich bedeutete der Kellnerin, dass ich so ein Glas voll Weißbier wollte. Susanne bestellte eine Cola Light mit den Worten: »*I become a Cola Light.*« Die Kellnerin schaute sie zuerst leicht verwirrt an, kritzelte dann aber doch etwas auf ihren Notizblock. Als sie weg war, klärte ich Susanne auf, dass »*I become*« auf Deutsch »ich werde« bedeutet. »Du wirst eine Cola Light!«, lachte ich und sie schaute genervt zurück.

Nach ein paar Minuten kam die Kellnerin wieder und stellte das große Glas Hacker-Pschorr in die Tischmitte und mir ein kleines Glas vor die Nase. Susanne bekam eine dünne, durchsichtige Flasche, in der oben ein Stück Zitrone steckte, und ebenfalls ein Glas. Der Inhalt der Flasche sah aber nicht wie Cola aus, sondern eher wie Bier. Ich gab der Kellnerin das kleine Glas zurück und begann aus dem großen Glas zu trinken. Es übertraf einen Maßkrug von der Größe her sogar noch deutlich (die Amis denken anscheinend auch hier in anderen Dimensionen) und außerdem war es aus Plastik und deshalb unerwartet leicht (die Kellnerin sah mich dabei total verdutzt an). Derweil hielt Susanne ihre Flasche in die Luft und wiederholte ihren Wunsch so, wie ich es ihr gesagt hatte: »*I want a Cola Light!*«

Die Kellnerin entschuldigte sich: »*I thought you said Corona Light*«, und fügte hinzu: »*We have Coke and Diet Coke.*«

Susanne sah mich ratlos an, ich sagte *Diet Coke* und dachte, während ich einen weiteren Schluck aus dem unhandlichen Plastikglas nahm: »Ohne mich wäre Susanne hier aufgeschmissen!« Ich lächelte sie an und sah dann, wie am Tisch hinter ihr jemand Bier aus so einem großen Glas, wie ich eines hatte, in ein kleineres Glas goss. Eines war klar: Die Amis haben merkwürdige Kneipengewohnheiten! Was es wohl mit diesem Umgießen des Bieres auf sich hat?

Unsere Kellnerin war aber sehr nett und erkundigte sich mehrmals nach unserem Wohlbefinden. Ich gab ihr dann auch zwei Dollar Trinkgeld. Die hatte sie sich wirklich verdient! Sonderlich zu freuen schien sie sich aber nicht. Als ich sie dann auch noch fragte, wo die Toilette war, schaute sie verwundert und sagte mit starker Betonung, dass sich der *restroom* ganz hinten im Restaurant befand.

Das war, wie gesagt, gestern Abend. Heute Morgen sind wir mit Mark, der sich einen Tag für uns freigenommen hatte, zum Brunch gegangen. Wir waren in einem Restaurant namens *Cafe Zola* und haben dort superleckere Crêpes gegessen. Hätte nicht gedacht, dass es die in den USA gibt.

Der Laden war gerammelt voll, Mark ließ uns in eine Warteliste eintragen und nach 20 Minuten bekamen wir einen Tisch zugewiesen. Das Essen war dann auch ganz schnell da, worauf Mark uns erklärte, dass die Kellner ihre Gäste sehr zügig abfertigen, weil sie den Tisch so schnell wie möglich für die nächsten Gäste freibekommen wollen. Er musste es ja wissen, denn er hatte während des Studiums als Kellner gearbeitet. »Ich habe die deutschen Touristen übrigens immer gehasst«, sagte er schmunzelnd, »da konnte man das Trinkgeld gleich vergessen.« – »Warum denn?«, wollte ich wissen. »Die haben entweder nicht gewusst, wie das hier mit dem Trinkgeld funktioniert, oder haben sich einfach dumm gestellt.« Ich musste ihn in dem Moment blöd angeguckt haben, denn er fügte hinzu: »Ihr wisst doch, dass die Kellner hier in Amerika fast nichts verdienen und dass man darum 20 Prozent Trinkgeld gibt?«

»Klar doch«, sagte ich, während ich mir eiligst einen großen Crêpes-Happen in den Mund steckte und im Geiste die arme Kellnerin von gestern Abend vor Augen sah, wie sie ihren Kindern heute zum Frühstück, das nur aus trockenem Brot bestand, in einem Atlas zeigte, wo Deutschland – das Land der Geizhälse – lag.

Was ist diesmal schiefgelaufen?

Leider haben Deutsche bei amerikanischen Kellnern einen schlechten Ruf. Schuld sind die mickrigen Trinkgelder, die deutsche Touristen in der Regel aus Unwissenheit, manchmal aber auch aus Geiz geben. Bitte denken Sie bei Ihrem USA-Aufenthalt daran, dass amerikanische Kellner von ihrem Arbeitgeber fast immer nur den gesetzlichen Mindestlohn bekommen. Im gastronomischen Bereich sind dies lediglich zwei Dollar pro Stunde. Die Kellner sind deshalb auf Trinkgelder angewiesen, um überhaupt ein nennenswertes Einkommen zu haben. Das weiß in den USA jeder und gibt deshalb bei durchschnittlichem Service etwa 15 Prozent und bei gutem und sehr gutem Service 20 Prozent Trinkgeld. Die zwei Dollar, die Torsten der Kellnerin gab – das wurde ihm ja dann beim Frühstück selber klar – waren sicherlich nicht ausreichend.

Und was er für einen überdimensionierten amerikanischen Maßkrug hielt, war in Wirklichkeit ein *pitcher*, in dem man sich in vielen amerikanischen Kneipen das Bier bringen lassen kann. Dazu bekommt man Gläser, in die man sich und den anderen Leuten am Tisch dann nach Bedarf selber einschenken kann. Ein *pitcher* ist normalerweise aus durchsichtigem Plastik hergestellt und fasst 60 *ounces* (1,77 Liter). Ansonsten stehen in den meisten Kneipen zwei Glasgrößen zur Auswahl, wenn man Bier vom Fass kauft: Ein *pint* fasst 473 Milliliter und ein *25 oz. (twenty-five ounce) mug* fasst 750 Milliliter. Die Gläser, die man zum *pitcher* oder zu einer Flasche Bier dazubekommt, fassen dagegen lediglich zwischen 250 und 330 Milliliter.

Coca-Cola Light heißt in den USA *Diet Coke*. Mit der Bezeichnung *Cola Light* können Amerikaner nichts anfangen. Jedoch gibt es von einigen weitverbreiteten Biersorten, wie z. B. *Bud*, *Miller* und *Corona*, Versionen mit einem geringeren Alkoholgehalt und weniger Kalorien, die dann im Namen den Zusatz *Light* bzw. *Lite* haben, also *Bud Light*, *Miller Lite* und *Corona Light*. Deshalb dachte die Kellnerin *Corona Light* zu hören, als Susanne eine *Cola Light* bestellte.

Ein »*I want …*« klingt zudem recht unhöflich. Beim Bestellen sollte man daher »*I would like …*« bzw. »*I'd like …*« oder »*I'll have …*« bzw. »*Can I have …?*« sagen und am Ende der jeweiligen Redewendung noch *please* hinzufügen. Aber da man in der Regel als Ausländer zu erkennen ist, sind amerikanische Kellner in dieser Beziehung geduldig. In kleineren Städten ist man allerdings nicht an ausländische Akzente gewöhnt, sodass man Sie unter Umständen bitten wird, das Gesagte zu wiederholen. Falls Sie jedes Missverständnis von vornherein vermeiden wollen, sollten Sie beim Bestellen gleichzeitig auf der Speisekarte auf die gewünschten Getränke und Speisen tippen.

Bitte beachten Sie, dass der Kellner zuerst einmal nur die Bestellungen für die Getränke entgegennimmt. Wenn er diese dann gebracht hat, wird er Sie auch nach möglichen Speisewünschen fragen. Falls Sie zu diesem Zeitpunkt noch keine Wahl getroffen haben, können Sie um Aufschub bitten, indem Sie *»I think I need another minute ...«* sagen. Der Kellner wird dann erst einmal wieder verschwinden. Sobald Sie jedoch zum Bestellen bereit sind, sollten Sie die Speisekarte schließen und auf den Tisch legen. Das signalisiert dem Kellner, dass Sie Ihre Auswahl getroffen haben.

Ein ganz anderes Thema ist, dass Torsten sich über das Gemälde mit der nackten Frau gewundert hatte, da dieses zur angeblichen Prüderie der Amerikaner im Widerspruch steht. Das überrascht nicht, denn dieses Vorurteil hält sich in Europa noch immer sehr hartnäckig. Wer jedoch längere Zeit in den USA lebt, wird feststellen, dass das nicht einmal annähernd stimmt. Nur weil die Frauen sich im Sommer in den Parks und am Strand nicht »oben ohne« sonnen oder es keinen Sex im regulären Fernsehen zu sehen gibt, müssen die Amerikaner noch lange nicht prüde sein. Sie haben Sex genauso gerne wie alle anderen Leute und sprechen im Freundeskreis und auch im Fernsehen gerne darüber – vielleicht sogar mehr als z. B. die Deutschen. Und das Angebot an Sexfilmen und Hardcore-Pornos ist unendlich, man muss nur wissen, auf welchen Fernsehsendern und Websites diese zu finden sind. Ob Kinder vor Nacktheit und Sexszenen so sehr zu schützen sind, wie es viele amerikanische Eltern und Behörden finden, ist natürlich Ansichtssache, heißt aber nicht, dass Amerikaner generell verklemmt sind.

SPRECHENDE TOILETTEN

Die Kellnerin schaute Torsten auf seine Frage nach der Toilette verwundert an, weil er wahrscheinlich nach der *toilet* gefragt hatte. In den USA wird eine Toilette in öffentlichen Gebäuden jedoch als *restroom* oder auch als *ladies' room* bzw. *men's room* sowie in Wohnungen als *bathroom* bezeichnet. Mit dem Wort *toilet* verbinden die Amerikaner dagegen das eigentliche Klobecken.

Da wir gerade beim Thema Kneipenklo sind: Der US-Bundesstaat New Mexico hat sich vor einigen Jahren etwas Neues im Kampf gegen Trunkenheit am Steuer ausgedacht: Sprechende Klosteine, die auf Englisch übrigens die unappetitliche Bezeichnung *urinal cakes* (»Pissoir Gebäck«) tragen, erinnerten den Autofahrer beim letzten Pinkeln vor dem Losfahren daran, dass er doch lieber ein Taxi nehmen oder einen nüchternen Freund fahren lassen sollte.

8 AUSFLUG IN DIE MOTOR CITY

28. JULI, ANN ARBOR, MICHIGAN

Susanne | Heute Nachmittag sind wir mit Sarah und Mark nach Detroit gefahren. Damit wir einen Eindruck von der Gegend bekommen, nahmen wir auf der Hinfahrt nicht die Autobahn, sondern eine Straße, die *Michigan Avenue* hieß und die durch mehrere kleinere Städte führte. Die Fahrt dauerte etwa eine Stunde.

Zuerst fuhren wir von Ann Arbor nach Ypsilanti. Wo die eine Stadt aufhörte und die andere anfing, war schwer zu sagen, denn zwischen den beiden Orten gab es kaum eine unbebaute Fläche, sondern ein Einkaufszentrum und Restaurant neben dem anderen. Irgendwie sah alles gleich hässlich aus und zog sich Kilometer lang hin. Da wo die Stadt Ypsilanti richtig loszugehen schien, deutete Sarah auf einen riesigen Wasserturm und fragte mich, woran der mich wohl erinnere. Mir verschlug es die Sprache: Der gemauerte Turm sah aus wie ein Penis!

»Pisa hat den schiefen Turm und Ypsilanti hat den *brick dick*«, sagte Mark lachend und fügte hinzu, dass die Leute hier den Turm so nennen, weil das so viel wie »Ziegelsteinschwanz« bedeutet. Eine Zeitschrift hatte ihn vor einigen Jahren zum *Most Phallic Building* in der Welt erklärt. Torsten bestand darauf anzuhalten, damit er ein Foto machen konnte. »Das glaubt uns ja sonst keiner!«

Weiter ging es durch eine Gegend, die flach und dicht bebaut war. Wir fuhren durch relativ kleine Städte und vorbei an großen Autofabriken. Dazwischen lagen gammlige Motels mit verrosteten Autos davor, zahllose Tankstellen und Fast-Food-Restaurants sowie eine Handvoll *Strip Clubs*, auf die uns Mark hinwies. (Ob er da manchmal hingeht?) Insgesamt sah alles viel ärmlicher als in Ann Arbor aus. Es gab auch viel mehr Schwarze. Mark erklärte uns, dass Michigan die höchste Arbeitslosigkeit in den USA hat, weil die Autohersteller durch die weltweite Wirtschaftskrise viele Leute entlassen mussten. Wir kamen an mehreren von diesen riesigen Wohnwagensiedlungen vorbei, die man manchmal im Fernsehen sieht, obwohl das Wort Wohnwagen eigentlich nicht zutreffend ist, denn das sah meistens eher wie eine Ansammlung von Baracken oder wie ein Slum in der dritten Welt aus. Mark nannte diese Siedlungen *trailer parks* und meinte, dass die manchmal gar nicht so schlecht sind. Wir kamen dann auch tatsächlich an einer vorbei, die ganz neu zu sein schien und mehr einer Bungalowsiedlung ähnelte. Da gab es sogar einen Swimmingpool, in dem sich jede Menge Kinder vergnügten.

EIN TRAILER PARK IST KEINE WOHNWAGENSIEDLUNG

Im Deutschen wird der amerikanische Begriff *trailer* oft mit »Wohnwagen« und *trailer park* oft mit »Wohnwagensiedlung« übersetzt. Wer sich jedoch einmal in einem amerikanischen *trailer park* umgesehen hat, wird sicher zustimmen, dass diese Übersetzung nicht zutreffend ist.

Denn in einem *trailer park* stehen heutzutage keine Wohnwagen (engl. *campers*) oder Wohnmobile (engl. *RVs*) mehr, sondern wesentlich größere *mobile homes*, d. h. in Fabriken vorgefertigte Wohneinheiten, die eher Baracken als Wohnwagen ähneln. Historisch gesehen entwickelten sie sich zwar aus Wohnwagen, aber das war vor mehr als fünfzig Jahren.

Mobile homes werden im Stück per Schwerlasttransport angeliefert. Sie stehen weder auf Rädern noch auf einem richtigen Fundament, sondern auf Betonklötzen. Genau so, wie sie angeliefert wurden, können sie zu einem späteren Zeitpunkt an einen anderen Ort transportiert werden, was allerdings nur in den seltensten Fällen passiert.

Mobile homes werden in zwei Größen gebaut: *single-wides* sind bis zu 5,5 Meter breit und bis zu 27 Meter lang und werden komplett angeliefert. *Double-wides* sind wesentlich breiter und werden nicht selten in zwei Hälften an den Standort gebracht. Diese *double-wides* bleiben so gut wie immer am selben Platz.

Im *trailer park* werden sie ans Wasser-und Stromnetz angeschlossen, und sie haben natürlich ein WC und eine Küche. Die *trailer parks* befinden sich fast immer außerhalb oder am Rande von Städten. Alte *trailer parks* vermitteln mitunter den Eindruck eines Slums, während neue *trailer parks* nicht selten einen eigenen Swimmingpool haben.

Nach Erhebungen der US-Regierung leben 6 Prozent der Bevölkerung, also rund 20 Millionen Menschen, in *trailer parks*.

Wie sollte man *trailer park* nun übersetzen? Am besten gar nicht. Ein *trailer park* ist ein Trailer Park, einen passenden deutschen Begriff gibt es nicht.

Eine etwas größere Stadt war Dearborn, wo es jede Menge Restaurants und Geschäfte mit arabischer Schrift auf den Schaufenstern gab und wo auch die Firmenzentrale von Ford steht – ein lang gestrecktes Bürogebäude mit einem Sonnenblumenfeld davor.

Das Randgebiet von Detroit sah schlimm aus. Die Wohngebiete machten einen total heruntergekommenen und größtenteils verlassenen Eindruck. Weiße sahen wir hier so gut wie keine. Mark sagte, dass es in Detroit Ende der Sechzigerjahre einen Schwarzenaufstand gegeben habe, wo ganze Stadtviertel in Flammen standen. In Folge dieser Unruhen sei ein Großteil der weißen Bevölkerung weggezogen und habe die alten Häuser verfallen lassen. Erst in den letzten paar Jahren sei es wieder bergauf gegangen, allerdings in erster Linie im Stadtzentrum.

Wir fuhren zuerst zum *Detroit Institute of Arts*, das ist ein riesiges Kunstmuseum, dessen Sammlung sich mit jedem europäischen Museum messen kann. Alle großen Meister waren vertreten und wir haben einige berühmte Gemälde gesehen, z. B. von Gauguin und Monet! Aber am besten war das riesige Fresko von Diego Rivera, das alle vier Wände und die Decke eines riesigen Raumes in der Mitte des Museums ausfüllte und eine Autofabrik zu Zeiten von Henry Ford darstellte. Ich musste gleich an den Film »Frida« denken, der von der Liebesgeschichte zwischen Diego Rivera und der Malerin Frida Kahlo handelt. Sogar Torsten, der sich in Museen sonst immer langweilt, fand dieses Fresko toll.

Nach dem Besuch im Museum sind wir mit dem *Detroit People Mover* gefahren. Das ist eine einspurige Hochbahn, die im Stadtzentrum von Detroit im Kreis fährt. Die ganze Fahrt dauert vielleicht 20 Minuten und man kommt dort wieder an, wo man losgefahren ist. Unterwegs gibt es ein halbes Dutzend Haltestellen. Als Nahverkehrsmittel macht diese Bahn irgendwie keinen Sinn, aber für eine Stadtrundfahrt eignet sie sich ganz gut. Ein kleiner rothaariger Mann, der wie Rumpelstilzchen aussah, versuchte übrigens die Notbremse zu ziehen, aber ein anderer Fahrgast konnte ihn gerade noch daran hindern. Er stieg dann fluchend mit uns am *Renaissance Center* aus. Das sind mehrere futuristisch aussehende und miteinander verbundene Hochhäuser aus Glas und Stahl, die direkt an einem sehr breiten Fluss stehen. Dort ist die Firmenzentrale von *General Motors* untergebracht. Die Haltestelle vom *People Mover* ist auf der einen Seite des Komplexes und man kann durch das *Renaissance Center* hindurchgehen. Über mehrere Rolltreppen und an einigen Geschäften vorbei gelangt man in eine gläserne Halle, von der man eine schöne Aussicht auf den Fluss und auf die kanadische Stadt Windsor hat, die auf der anderen Seite liegt.

Das Wasser war himmlisch blau, und jede Menge Segel- und Motorboote fuhren umher. Sogar ein riesiges Frachtschiff mit britischer Flagge kam zu unserem Erstaunen vorbei. Am Wasser gab es eine Promenade, auf der viele Leute flanierten und Kinder in einem Springbrunnen spielten.

Wir machten einen schönen Spaziergang am Wasser entlang. Am Ende der Promenade gab es ein Karussell und mehrere Imbissstände, wo Torsten sich natürlich eine Riesenportion Eis kaufte, obwohl wir bald essen gehen würden. Wir setzten uns auf eine Bank und Torsten machte eine abfällige Bemerkung über die vielen dicken Leute, die an uns vorbei liefen, von wegen »fette Amerikaner« und so. Ein schwarzer Mann, der zwar übergewichtig, aber trotzdem sportlich aussah, drehte sich um, schaute Torsten kurz an, sagte »So schlank sind Sie aber auch nicht!« und ging weiter. Torsten blieb der Mund offen stehen und Mark, Sarah und ich lachten uns kaputt. Das geschah ihm Recht. Das ganze Eis und Bier der letzten Jahre sind nun wirklich nicht spurlos an ihm vorbei gegangen. Aber das will er ja nicht wahrhaben.

HAFENSTADT DETROIT

Der erwähnte Fluss heißt *Detroit River*, ist bis zu vier Kilometer breit und eine viel befahrene Wasserstraße im System der *Great Lakes* (Große Seen). Über ihn und über den *Lake St. Clair* gelangen Schiffe vom *Lake Erie* in den *Lake Huron*.

Schiffe aus Europa können Detroit über den in Kanada gelegenen *St. Lawrence Seaway* und die *Great Lakes* sehr gut erreichen. Die Strecke von Liverpool nach Detroit beträgt 5.911 Kilometer und ist kürzer als die Strecke von Liverpool nach Baltimore an der Ostküste der USA, die 6.334 Kilometer lang ist.

Was ist diesmal schiefgelaufen?

Viele Amerikaner haben Deutsch in der Schule und während des Studiums gelernt. Deshalb sollte man nie davon ausgehen, dass einen die Leute nicht verstehen können. Man sollte also durchaus vorsichtig sein mit dem, was man in der Öffentlichkeit untereinander von sich gibt und vor allem keine abfälligen Bemerkungen machen.

Bitte beachten Sie: Amerikaner geben sich zumeist große Mühe, ihre Mitmenschen sprachlich nicht zu verletzen. Insbesondere rassistische Ausdrücke, egal ob auf Deutsch oder auf Englisch, sollte man grundsätzlich vermeiden, auch wenn sie vielleicht nicht so gemeint sind oder wenn man denkt, dass das cool ist, weil im Fernsehen oder im Kino auch so gesprochen wird. Insbesondere das Wort *nigger* sollten Sie niemals in den Mund nehmen, auch wenn einige schwarze Amerikaner dieses Wort selbst verwenden, insbesondere in Rap-Texten. Wenn Sie selbst nicht schwarz sind, ist dieses Wort für Sie hundertprozentig tabu. Die korrekte Bezeichnung für einen schwarzen Amerikaner ist *African American.*

In diesem Zusammenhang sei auch einmal daraufhin gewiesen, dass Amerikaner im Alltag nicht unbedingt so sprechen, wie wir das aus Filmen kennen – und auch Sie sollten das nicht tun. Sie sind generell gut beraten, sich den Gebrauch von Vulgarismen, wie z. B. *fuck*, grundsätzlich zu verkneifen. Im Fernsehen wird das oft als *F-word* umschriebene *fuck* auf den meisten Sendern durch einen Piepton ausgeblendet. Auch im Radio kann man es nicht hören. Von den betroffenen Songs gibt es oft zwei Versionen, eine fürs Radio und eine für die CD, auf der dann ein Sticker mit einem Hinweis für Eltern *(Parental Advisory)* klebt. Amerikaner wissen natürlich, in welchen Situationen derartige Wörter angebracht sind, aber aus dem Munde von Nichtmuttersprachlern klingen sie zumeist einfach nur ungebildet.

DER ROTE ZWERG

Wenn in Detroit der *Nain Rouge*, ein rothaariger Zwerg mit feurigen Augen und Pelzstiefeln, gesichtet wird, naht ein Unglück. Der Gründer Detroits, der Franzose Antoine Laumet de la Mothe Cadillac, wurde 1701 vom *Nain Rouge* attackiert und verlor daraufhin sein Vermögen. Als am 30. Juli 1763 der *Nain Rouge* wieder gesichtet wurde, starben 58 britische Soldaten in Kämpfen mit Indianern. Das Wasser des Flusses färbte sich rot vom Blut, und der *Nain Rouge* tanzte am Ufer. Im Jahre 1805 wurde er mehrmals an verschiedenen Tagen gesehen, bevor ein Feuer die Stadt zerstörte. Im Krieg des Jahres 1812 nahmen die Briten den Amerikanern Detroit ab, nachdem zuvor der *Nain Rouge* gesichtet wurde. 1884 und 1964 berichteten Einwohner, dass sie von ihm angegriffen wurden. Einen Tag vor Beginn der großen Rassenunruhen des Jahres 1967, bei denen 43 Menschen starben, wurde der *Nain Rouge* ebenfalls gesehen. 1976 sahen Monteure des Elektrizitätswerkes den *Nain Rouge* während eines gewaltigen Schneesturms von einem Mast springen. Und am 28. Juli letzten Jahres waren Torsten und Susanne ihm möglicherweise im *People Mover* begegnet, als er die Notbremse ziehen wollte.

War das etwa ein Zeichen, dass Torsten und Susanne jetzt in noch größere Fettnäpfchen treten werden?

9 HIGH NOON IM SUPERMARKT

29. JULI, ANN ARBOR, MICHIGAN

Torsten | Vorhin waren wir bei *Meijer*. Das ist ein Supermarkt, der immer auf hat. 24 Stunden lang, jeden Tag, auch heute am Sonntag. Auf dem riesigen Parkplatz könnte man eine deutsche Kleinstadt unterbringen. Ein halbes Dutzend Mitarbeiter war damit beschäftigt, die auf dem Areal verstreuten Einkaufswagen wieder einzusammeln, die von den Kunden achtlos zurückgelassen worden waren. Einen Münzpfand wie bei uns gibt es hier offenbar nicht. Wir haben einen armen Kerl gesehen, der circa 50 zusammengesteckte Wagen zurück zum Supermarkt schob. Der musste sich ganz schön ins Zeug legen. Als ich ihm beim Schieben helfen wollte, sah er mich aber ganz verwundert an. Ein herbeigeeilter

Kollege schob mich lachend beiseite. Susanne war etwas vorgegangen und tat so, als ob sie mich nicht kannte. Als ich im leichten Laufschritt zu ihr aufschloss, brummelte sie irgendwas von »wieder mal super peinlich«.

Der Supermarkt hatte die Größe einer Messehalle und ein Wellblechdach in mindestens zehn Metern Höhe. Alles war extra hell erleuchtet. Würde mich wirklich mal interessieren, wie viel Strom die so im Monat für die Beleuchtung und die Klimaanlage verschwenden. Es herrschte nämlich eine Eiseskälte. Hier war es noch viel kälter als bei Mark und Sarah im Haus oder im Auto. Den Amerikanern schien das nichts auszumachen, sie rannten allesamt in T-Shirts und kurzen Hosen in dieser gigantischen Kühltruhe herum. Wir wollten uns jedenfalls keine Lungenentzündung holen und gingen erst einmal zurück zum Auto, um unsere Sweatshirts anzuziehen.

Es dauerte eine Weile, bis wir das Milchregal fanden, und als wir dessen Tür öffneten, um einen der gigantischen Milchbehälter herauszunehmen, hörten wir eine ganze Herde Kühe muhen. Susanne fand das äußerst amüsant und öffnete die Tür gleich mehrmals hintereinander. »Wäre das nicht toll, wenn unser Kühlschrank auch muhen würde?«, fragte sie. »Ja, ganz toll«, erwiderte ich mit möglichst neutraler Stimmlage. Als wir beim Gemüse vorbeikamen, donnerte es plötzlich aus versteckten Lautsprechern, und begleitet vom Sound eines Platzregens wurde das Grünzeug mit einem feinen Nebel besprüht. »Willst du das auch? Für deine Topfpflanzen vielleicht?« Susanne tat so, als hätte sie meine Bemerkung nicht gehört.

Nachdem wir an einem endlosen Regal mit den verschiedensten Sorten Toastbrot vorbeigeschritten waren, gelangten wir an das eigentliche Ziel unserer Wanderung durch das Warenlabyrinth: die Bier- und Weinabteilung. Das Bierkühlregal war so lang wie ein Zelt auf dem Oktoberfest, allerdings aus irgendeinem Grund unbeleuchtet. Trotz des Halbdunkels konnten wir jedoch verschiedenste Biersorten ausmachen, die hauptsächlich in kleinen offenen Kartons mit sechs Flaschen (mit einem Griff in der Mitte und drei Flaschen auf jeder Seite) angeboten wurden. Bier in Dosen gab es hauptsächlich in Kartons mit 12 oder 24 Dosen. So ein Karton mit sechs Flaschen kostete um die acht, neun Dollar. Das fand ich doch ganz schön teuer, zumal die Flaschen recht klein waren. Wir fanden schließlich einen Karton *Bud Light* mit 24 Dosen zum Sonderpreis von 17,99 Dollar. Nun gut, da kostete die Dose dann rund 75 Cents. Billigeres Bier gab es hier anscheinend nicht. Da wir keinen Flaschenöffner hatten, waren Dosen sowieso praktischer.

Mit dem Riesenkarton Bier machten wir uns auf den Weg zur Kasse. Als wir an der Reihe waren, scannte die Kassiererin das Bier jedoch nicht, sondern hob den Karton vom Band, reichte ihn rüber zu mir und sagte irgendwas von *»Sunday«*. War das Bier am Sonntag etwa umsonst? Das konnte ich mir dann aber doch nicht vorstellen. Ich stellte den Karton zurück aufs Band und schob ihn entschlossen in Richtung Scanner, worauf die Kassiererin ihn gleich wieder vom Band heben wollte. Ich hielt den Karton fest und hinderte sie daran.

»I want to buy this!«, erklärte ich mit fester Stimme. Sie sagte wieder was von Sonntag. Ein bulliger Typ, der hinter mir in der Schlange stand, griff meinen Arm. Jetzt reicht es aber, dachte ich. Diese Amis ticken doch wohl nicht ganz richtig. Der Mann deutete jedoch auf meine Uhr und sagte mit seiner ruhigen, tiefen Stimme auch was von Sonntag und deutete auf dem Zifferblatt auf 12 Uhr. Das kannte ich doch irgendwie ... richtig: *High Noon*! Wollte er mich etwa wie im Western zum Duell herausfordern? Auf dem Parkplatz vielleicht? Ich sah jetzt schon im Geiste die Schlagzeile der Bild-Zeitung:

DEUTSCHER IN DEN USA BEIM BIERKAUF ERSCHOSSEN

»Ich glaube, wir müssen bis um zwölf warten, bis wir Bier kaufen können«, mischte sich Susanne plötzlich in diese Männerangelegenheit ein. »*No beer until 12 o'clock?*«, fragte sie den Mann. Der schien von ihrer Lieblichkeit entwaffnet, ließ sogleich meinen Arm in Ruhe und nickte. »*That's right!*« sagte er lachend. Das ist doch bekloppt, dachte ich. Es war drei Minuten vor zwölf.

AMERIKANISCHE BIERFLASCHEN

Die typische amerikanische Bierflasche, die im 6-Pack verkauft wird, und die amerikanische Bierdose, die es oft im 12- oder 24-Pack gibt, haben jeweils einen Inhalt von 12 *ounces* (355 ml). Viele Bierflaschen in den USA lassen sich mit der Hand öffnen, insbesondere wenn sie von den ganz großen Brauereien wie *Budweiser* und *Miller* kommen. Sie haben dann meistens den Hinweis *twist off* seitlich auf dem Kronkorkenverschluss stehen.

Was ist diesmal schiefgelaufen?

Für den Alkoholverkauf am Sonntag gibt es je nach Bundesstaat sehr unterschiedliche Regelungen – zum Teil auch von Ort zu Ort innerhalb der einzelnen Staaten. In Michigan, wo sich Torsten und Susanne zu diesem Zeitpunkt aufhielten, kann man sonntags grundsätzlich erst ab zwölf Uhr mittags Alkohol kaufen. Da werden keine Ausnahmen gemacht, selbst wenn es eine Minute vor zwölf sein sollte. In vielen Staaten darf ferner an Wochentagen zwischen ein oder zwei Uhr nachts und sieben oder acht Uhr morgens kein Alkohol verkauft werden. Höherprozentigen Alkohol kann man in vielen Bundesstaaten zudem nur in *liquor stores* kaufen. In manchen Staaten muss sogar sämtlicher Alkohol in derartigen Spezialgeschäften erworben werden, die sich mitunter, wie in Pennsylvania, sogar in Staatsbesitz befinden. Einige Indianerreservate haben den Verkauf von Alkohol grundsätzlich verboten, um dem in diesen Gebieten weitverbreiteten Alkoholismus Herr zu werden.

Allen Staaten gemein ist das zum Alkoholkauf notwendige Mindestalter von 21 Jahren. Geschäfte, die alkoholische Getränke an jüngere Leute verkaufen, werden mit erheblichen Geldstrafen belegt und verlieren unter Umständen ihre Verkaufsgenehmigung, was nicht selten in den wirtschaftlichen Ruin führt. Deshalb wird das Alter der Käufer durch einen Blick auf deren Führerscheine penibel geprüft. Auch Kunden, die schon wesentlich älter sind, werden im geringsten Zweifelsfall nach ihrer *picture I.D.*, also einem Ausweis mit Bild, gefragt. Mitunter sind die Kassierer leider mit einem deutschen Reisepass überfordert oder der Laden hat die Vorschrift, nur amerikanische Dokumente anzuerkennen. Dann sollte man einfach woanders einkaufen.

Zur erhöhten Vorsicht der Geschäftsinhaber trägt auch die Praxis vieler Polizeiverwaltungen bei, erwachsen aussehende Minderjährige auf Testeinkäufe zu schicken und mit aller Härte des Gesetzes zuzuschlagen, falls diesen der Kauf von alkoholischen Getränken gelingen sollte.

In den meisten amerikanischen Supermärkten gibt es mittlerweile U-Scan-Selbstbedienungskassen, und wer Alkohol an einer solchen kaufen will, wird nach dem Scannen von Bier oder Wein auf die Aufsichtsperson warten müssen, die durch die Eingabe eines Zahlencodes bestätigen muss, dass der Käufer alt genug ist, was dann gegebenenfalls ebenso das Vorlegen eines Ausweises erforderlich macht.

Der Alkoholverkauf bei Freiluftkonzerten und Sportveranstaltungen wird unterschiedlich gehandhabt. Das Alter wird meistens schon beim Betreten des Veranstaltungsortes geprüft und man bekommt dann einen Papierstreifen ums Handgelenk geklebt, der einen als Trinkberechtigten ausweist. Zum Teil, und das trifft besonders auf Stadtfeste zu, darf man nur in bestimmten Bereichen trinken, die meistens durch einen provisorischen Zaun abgegrenzt sind. Damit soll wohl verhindert werden, dass man alkoholische Getränke an Minderjährige weitergibt.

Bei Zigaretten gibt es übrigens ähnliche Beschränkungen wie beim Alkohol. Das Mindestalter für den Zigarettenkauf liegt in den USA bei 18 Jahren, auch hier muss man sich im Zweifelsfall ausweisen können. In Supermärkten werden Zigaretten in der Regel nur am Serviceschalter verkauft. Viele amerikanische Raucher kaufen ihre Zigaretten aber sowieso an der Tankstelle oder im *liquor store*. Auch hier führt die Polizei Testkäufe mit Jugendlichen durch, damit die Ausweiskontrollen eingehalten werden. Es versteht sich daher im Prinzip von selbst, dass es in den USA keine Zigarettenautomaten gibt.

WO DIE PROHIBITION NOCH LEBT: *DRY COUNTIES* IN DEN USA

Am 5. Dezember 1933 wurde das landesweite Alkoholverbot, die *Prohibition*, durch den 21. Zusatzartikel zur Verfassung der Vereinigten Staaten aufgehoben und das Gesetzgebungsrecht in Sachen Alkoholkonsum ging an die einzelnen Bundesstaaten.

Aber damit nicht genug: Heutzutage erlauben 33 Staaten ihren Verwaltungsbezirken *(counties)*, den Verkauf von Alkohol auf lokaler Ebene zu regeln. Nicht wenige machen auch davon Gebrauch und sprechen ein komplettes oder teilweises Verbot aus. Sie werden dann als *dry* (trocken) bezeichnet. *Dry counties* und *dry towns* befinden sich hauptsächlich im Süden der USA.

So sind beispielsweise 25 von 67 *counties* in Alabama mehr oder weniger *dry*, denn der Verkauf von Alkohol ist in vielen Städten, die sich dort befinden, zumindest mit Einschränkungen trotzdem gestattet. In Texas gibt es 254 *counties*, von denen sieben hundertprozentig *dry* sind und 194 teilweise, d. h. auch hier gibt es gewisse Ausnahmeregelungen. Von den 120 *counties* in Kentucky sind 38 komplett *dry*.

Moore County in Tennessee, wo die Whiskey-Marke *Jack Daniels* produziert wird, ist kurioserweise ebenfalls ein *dry county*, und das hochprozentige Getränk ist deshalb in den dortigen Geschäften und Restaurants nicht erhältlich, darf aber zumindest im Souvenirshop der Fabrik aufgrund einer Sondererlaubnis in kleinen Flaschen verkauft werden.

10 BLUTBAD IM STEAKHOUSE

29. JULI, ANN ARBOR, MICHIGAN

Torsten | Sarah und Mark hatten uns zum Abendessen in ein richtiges amerikanisches Steakhaus eingeladen. Das Restaurant hieß *Knight's* und war voller alter Leute. Die Einrichtung hätte aus den Sechziger- oder Siebzigerjahren sein können. Nahe beim Eingang gab es einen freien Tisch am Fenster, aber als ich mich da hinsetzen wollte, hielt Mark mich zurück und sagte: »Wir müssen hier warten.« Er deutete auf ein Schild neben ihm mit der Aufschrift: *Please wait to be seated.* Ok, wir mussten also warten, bis uns ein Platz zugewiesen wurde. Es kam auch sogleich ein freundlicher Mann und fragte: *»How many?«*

Nachdem Mark ihn informiert hatte, griff der Mann vier Speisekarten und führte uns quer durchs Restaurant und dann noch eine Treppe hoch. »So ein Quatsch«, raunte ich Susanne zu. »Da war doch ein Tisch gleich beim Eingang frei.« Na, was soll's, wir setzten uns. Der Mann gab uns die Speisekarten und sagte, dass *»John«* gleich kommen würde. Der war dann auch sofort da und goss uns wortlos aus einer Plastikkanne, die meinem Bierglas in der Kneipe *Old Town* in Ann Arbor verblüffend ähnlich sah, Wasser in Gläser.

Susanne sagte freundlich *»Hi, John«*, worauf der wortkarge Kellner sie verwirrt anschaute und verschwand. Merkwürdig, dachte ich, der ist aber nicht nett. Will der denn gar nicht unsere Bestellungen entgegennehmen? Kurze Zeit später erschien ein Kollege und stellte sich mit *»Hi, I'm John. I'll be your server tonight«* vor. Susanne war nun ihrerseits verwirrt, dass der andere Kellner nicht John gewesen war. Ich war jedenfalls geistesgegenwärtiger, gab dem Kellner die Hand und sagte: *»Hi, I'm Torsten.«* Mark schien sich an seinem Wasser zu verschlucken, Sarah kicherte. Der Kellner schüttelte lachend meine Hand und fragte, wo ich herkomme. Nachdem ich geantwortet hatte, dass wir aus Deutschland seien, teilte er mir mit, dass er auch *»German«* sei. Na super, besser kann es gar nicht laufen, dachte ich, da können wir ja auf Deutsch bestellen.

»Also, dann nehme ich ...«, begann ich, worauf mich der angeblich deutsche Kellner lachend unterbrach: *»I'm sorry, Sir, I don't speak German.«* Mark schien sich köstlich zu amüsieren. Susanne sah immer noch total verwirrt aus. Sarah sagte dem Kellner, dass wir noch eine Minute bräuchten und fragte uns dann, was wir trinken wollten. »Cola li... ich meine Diet Coke«, antwortete Susanne stolz. Ich entschied mich für ein Bier: »Ein *Budweiser.*« – »Nimm lieber ein *Sam Adams*«, riet Mark. Das habe ich dann übrigens auch gemacht und nicht bereut – von wegen, die Amerikaner haben kein gutes Bier ...

Beim Bestellen des Essens fragte mich der Kellner, wie ich mein Steak gerne haben wollte. Wahrheitsgemäß antwortete ich: *»Large.«* Damit schien ich den amerikanischen Humor voll getroffen zu haben – zumindest lachte der Kellner laut, bevor er fragte: *»Rare, medium or well done?«* Ich freute mich über den gelungenen Scherz und entschied mich, da unser Steakhaus in der Heimat ein Medium-Steak immer viel zu sehr durchbrät, für *rare.* Mark bestellte das Gleiche. Nachdem der Kellner wieder weg war, meinte Mark, er habe irgendwo gelesen, dass die meisten Restaurants das beste Fleisch für die *rare*-Steaks verwenden und das schlechteste für die durchgebratenen Steaks, da man die mindere Fleischqualität bei Letzteren nicht so leicht bemerken würde. Das leuchtete durchaus ein.

Nachdem wir ein paar Minuten auf dem bereitgestellten Brot herumgeknabbert hatten und Susanne damit beschäftigt war, die Eiswürfel aus dem Glas zu fischen und im Aschenbecher aufzustapeln, brachte der Kellner das Essen. Mir servierte er einen Teller mit einem Stück Fleisch, das von einer ordentlichen Blutlache umgeben war, wie eine Leiche im »Tatort«. Als ich das offensichtlich beinahe rohe Stück Fleisch anschnitt, wurde die Blutlache schnell größer. Susanne sah angewidert auf meinen Teller, sie hatte bloß einen Salat bestellt. Steak war nicht so ihr Ding. Meins in diesem Moment aber auch nicht.

»Das kann ich nicht essen«, sagte ich.

»Aber du hast doch *rare* bestellt«, sagte Mark, dessen Teller auch mächtig voller Blut war, denn er war gerade dabei, sein Steak in Streifen zu schneiden. Als er damit fertig war, legte er sein Messer zur Seite, nahm die Gabel in die andere Hand und schob sich genüsslich einen Streifen Fleisch-Sushi in den Mund. Susanne hatte den Blick auf ihren Salat geheftet. Sarah winkte den Kellner heran und sprach von einem Missverständnis und erklärte noch ein bisschen weiter. Dann nahm der Kellner meinen Teller ohne Murren mit und kam fünf Minuten später mit einem neuen Steak, das perfekt Medium gebraten war, zurück. So hatte ich mir das vorgestellt!

Unser Kellner war durch diesen Vorfall offenbar sehr besorgt und kam nun alle paar Minuten zu unserem Tisch, um zu fragen, ob alles in Ordnung sei. Auch am Nachbartisch hatte er wahrscheinlich bei der Bestellung etwas verwechselt, denn dort fragte er ebenfalls ständig nach dem Rechten.

PS: Neben dem Restaurant gab es einen Aldi! Wusste gar nicht, dass die auch schon hier in den USA sind. Sah genauso aus wie ein deutscher Aldi.

Was ist diesmal schiefgelaufen?

Eine ganze Menge! Also am besten der Reihe nach. Los ging es schon beim Betreten des Restaurants. Wie Torsten nach dem voreiligen Hinsetzen durch Marks Hinweis auf das Schild mit der Aufschrift *Please wait to be seated* ganz richtig erkannt hatte, muss man in den meisten Restaurants warten, bis ein *host* oder eine *hostess* erscheint und nach der Anzahl der Personen fragt. In Bundesstaaten, in denen das Rauchen in Restaurants noch gestattet ist, wird man sich auch erkundigen, in welchem Bereich des Restaurants Sie sitzen möchten: *»Smoking or non-smoking?«*

Sollte es keinen freien Tisch geben, wird man nach seinem Namen gefragt und in eine Warteliste eingetragen. Zusätzlich erhält man die Information, auf welche Wartezeit man sich ungefähr einstellen muss. Entweder wird, wenn es dann soweit ist, der Name aufgerufen oder man bekommt einen *Pager*, der vibriert, sobald man an der Reihe ist. Man wird dann an seinen Tisch geführt. In den USA ist es weitgehend unüblich, mit Leuten, die man nicht kennt, gemeinsam an einem Tisch zu sitzen. Es kann also durchaus passieren, dass man warten muss, obwohl an einigen Tischen nur eine Person sitzt. Eine Ausnahme bilden Bordrestaurants in Zügen, Biergärten und gastronomische Einrichtungen, die sich ein eher europäisches Flair geben wollen.

Der Kellner stellt sich in vielen Restaurants namentlich vor, erwartet aber natürlich nicht, dass die Gäste ebenfalls ihren Namen nennen. Er wird sich zuerst nach den Getränkewünschen erkundigen und unter Umständen, d. h. falls Sie Alkohol wünschen und zudem relativ jung aussehen, nach der *I.D.* fragen, was bei den Amerikanern in der Regel die Fahrerlaubnis ist. Man kann aber auch den Reisepass zeigen. Der Kellner oder ein anderer Angestellter wird meistens auch Gläser mit kaltem Leitungswasser bereitstellen und bei Bedarf wieder auffüllen. Alkoholfreie Getränke, insbesondere Cola, werden oft ebenfalls kostenlos nachgefüllt. Mineralwasser aus der Flasche gibt es nur in gehobenen Restaurants und ist oft recht teuer. Das Leitungswasser ist dagegen natürlich umsonst.

Wasser und andere nichtalkoholische Getränke werden normalerweise in Gläsern gebracht, die etwa zur Hälfte mit Eiswürfeln gefüllt sind. Das ist einfach so üblich, da viele Amerikaner, und da ist Mark beileibe keine Ausnahme, gerne alles sehr kalt trinken. Sollte man kein Eis im Glas wollen, kann man dem Getränkewunsch einfach den Satz »*No ice, please!*« hinzufügen. Das Gleiche sollte man auch sagen, falls man im Kino eine Cola kauft und sich nicht den halben Pappbecher voll Eis schütten lassen möchte.

Sobald die Getränke auf dem Tisch stehen, wird der Kellner die Bestellung *(order)* entgegennehmen. Bei einigen Fleischgerichten, z. B. Steak oder Hamburger, wird man in der Regel gefragt, wie stark das Fleisch durchgebraten sein soll: *rare*, *medium* oder *well done*. *Rare* entspricht dem deutschen »blutig« – und ist oft wirklich extrem blutig, man sollte daher wenigstens *medium* bestellen, auch um ein mögliches Unwohlsein am nächsten Tag zu vermeiden. Übrigens: Auf den Speisekarten steht in der Regel klein gedruckt eine Warnung, dass Speisen, die auf Wunsch nicht durchgebraten wurden, auf eigene Gefahr verzehrt werden.

Amerikanische Kellner kommen, das ist durchaus so üblich, alle paar Minuten zum Tisch und erkundigen sich, ob alles in Ordnung ist und ob es weitere Wünsche gibt. Da Kellner, wie schon erwähnt, hauptsächlich vom Trinkgeld leben, sind sie natürlich darum bemüht, erstklassigen Service zu bieten. Das häufige Nachfragen gehört in den USA einfach dazu.

Der Kellner bringt in der Regel unaufgefordert die Rechnung, nachdem er sich versichert hat, dass Sie keine weiteren Wünsche mehr haben. Sie können ihn aber auch jederzeit auffordern: »*Could we have the bill, please?*« Wenn Sie mit mehreren Leuten ins Restaurant oder in die Kneipe gehen und getrennt zahlen wollen, dann sollten Sie das dem Kellner am Besten schon bei der ersten Bestellung mitteilen: »*We'll pay separately.*« Oder Sie sagen zum Kellner unmittelbar bevor er die Rechnung bringt: »*Could we have separate bills, please?*« Falls das aus irgendeinem Grund nicht möglich oder zu kompliziert ist, könnten Sie Ihren Tischgenossen auch vorschlagen: »*Let's split the bill!*« Jeder bezahlt dann den gleichen Anteil. Falls Sie großzügig sein und die gesamte Rechnung bezahlen wollen, sagen Sie einfach »*Let me take care of that!*«, wobei Sie gleichzeitig Ihre Kreditkarte oder Ihr Bargeld zu der Rechnung legen.

Deutsches Bier aus Amerika

Dass der Kellner im Steakhaus sich selbst als »Deutscher« bezeichnete, obwohl er in den USA geboren wurde und kein Deutsch spricht, ist nicht ungewöhnlich. Viele Amerikaner identifizieren sich noch immer mehr oder weniger mit der Herkunft ihrer Vorfahren und sagen dann in Gesprächen, dass sie *German* oder *Polish* oder *Irish* seien. Das trifft auch auf viele der etwa 51 Millionen Amerikaner zu, die von den rund acht Millionen Deutschen abstammen, die hauptsächlich zwischen 1840 und 1920 in die USA eingewandert sind.

Eine der sichtbarsten Spuren deutscher Einwanderer ist das Brauwesen. Fast alle großen Brauereien in den Vereinigten Staaten wurden von Deutschen gegründet: Anheuser-Busch, Miller, Coors, Pabst, D. G. Yuengling & Son, Stroh, Schlitz und Leinenkugel.

Bis Mitte des 19. Jahrhunderts hatten britische *Ale*-Biere den amerikanischen Markt dominiert. Diese wurden aber nach Ankunft der deutschen Brauer schnell verdrängt. Der deutsche Seifenfabrikant Eberhard Anheuser und sein Schwiegersohn Adolphus Busch waren dabei besonders erfolgreich. Anheuser kaufte 1859 eine kleine deutsche Brauerei in St. Louis (Missouri) und Busch hatte die Idee, mit *Budweiser* eine nationale Biermarke für die USA zu schaffen.

Allerdings streiten sich Anheuser-Busch und die Budvar-Brauerei aus dem tschechischen Budweis seit circa 100 Jahren um diesen Markennamen, der in den USA bereits 1867 eingetragen und 1883 von Anheuser-Busch erworben wurde. Die böhmische Budweiser-Brauerei war dagegen erst 1895 gegründet worden. Budvar argumentiert aber, dass ihr Name auf die 1265 gegründete Stadt Budweis zurückgeht, die diesen seit dem 14. Jahrhundert trägt. Gerichte in der ganzen Welt haben sich mit dieser Sache beschäftigt und sind bisher zu keiner einheitlichen Entscheidung gekommen. Aus diesem Grund wird das tschechische Budweiser-Bier in den USA und Kanada als *Czechvar* vertrieben, während das Bier von Anheuser-Busch in den meisten europäischen Ländern als *Anheuser-Busch Bud* zu haben ist.

ALDI IN DEN USA

Die Aldi-Filiale, die Torsten neben dem Restaurant entdeckt hat, ist eine von mittlerweile mehr als 1.000 Aldi-Geschäften in den USA – und wie in Deutschland muss man eine Münze (25 Cents) in den Wagen stecken, für die Einkaufstüten bezahlen und die gekauften Waren selbst einpacken. Diese Dinge sind in den USA normalerweise nicht üblich.

Ein weiteres Unternehmen der Familie Albrecht in den USA ist *Trader Joe's*. Auch hier sieht man sofort die Ähnlichkeit mit deutschen Lebensmittelmärkten: Die Auswahl ist relativ beschränkt, aber die Qualität der vorhandenen Waren ist ausgezeichnet. Zudem sind die Filialen wesentlich kleiner als amerikanische Lebensmittelmärkte.

11 LOKALNACHRICHTEN

29. JULI, ANN ARBOR, MICHIGAN

Torsten | Ein paar Worte zum amerikanischen Fernsehen: Die Zahl der Kanäle ist schier endlos, aber so richtig was zu sehen gibt es anscheinend nicht. Mark hatte heute Abend, nachdem wir vom Steakessen nach Hause gekommen waren, die ganze Zeit die Fernbedienung in der Hand und zappte herum, ohne irgendwo länger als zwei Minuten hängen zu bleiben.

Die einzige Sendung, die er sich mehr oder weniger komplett anschaute, waren die Lokalnachrichten um elf Uhr, die eine halbe Stunde dauerten und mehrmals durch Werbung unterbrochen wurden. Da auf zwei Sendern gleichzeitig *Local News* liefen, schaltete Mark in den Werbepausen immer zum jeweils anderen Sender, was aber auch nicht viel brachte, da beide Sender die Werbepausen wohl mehr oder weniger aufeinander abgestimmt hatten.

Die Nachrichten waren auch nicht für Ann Arbor, sondern für Detroit und Umgebung. Los ging es heute Abend mit dem Bericht von einem Mord. Der Reporter stand vor dem Haus, in dem wenige

Stunden zuvor der Mord geschehen war. Im Hintergrund sah man Polizisten ins Haus rein- und rausgehen. Ich nahm einen Schluck von meiner Dose *Bud Light*, die ich mir heute Mittag im Supermarkt so mühsam erkämpfen musste, und fragte Mark: »Hast du hier schon mal einen Schuss gehört?«

»Nein, noch nie«, erwiderte er und fügte hinzu, dass es in Ann Arbor höchstens einen Mord pro Jahr gibt. Die Moderatoren im Studio waren mittlerweile schon zu einem neuen Thema übergegangen. Übrigens saßen da auf jedem Sender zwei Leute, jeweils eine Frau und ein Mann, die abwechselnd Nachrichten lasen und Berichte einleiteten. Zwischendurch gab's auch eine gehörige Portion Small Talk.

Der andere Sender zeigte einen Bericht über Mitarbeiter des Stromversorgungsunternehmens, die in ihren Fahrzeugen schliefen, statt Reparaturen auszuführen.

Mehrmals im Laufe der Sendungen gab es eine Vorschau auf den Wetterbericht und die Sportberichterstattung. Die Wettervorhersage, die ein Wettermann präsentierte, war ganz ausführlich und schien von höchster Wichtigkeit zu sein. Nach der anschließenden Werbung gab es zehn Minuten Sport. Auch dafür gab es einen extra Ansager im Studio, der zugleich auch versuchte, lustig zu sein. Am Ende saßen da vier Personen hinter dem Tisch: die zwei Moderatoren, der Wettermann und der Sportreporter, die allesamt zum Schluss über irgendwelche Bemerkungen des Sportfritzen lachten. Ich glaube, an das erschreckend schlechte Niveau dieser Nachrichtensendungen könnte ich mich nie gewöhnen. Warum Mark, als gebildete Person, sich das anschaute, war mir schleierhaft.

Woran ich mich sicher auch nie gewöhnen könnte, sind die Temperaturangaben in Grad Fahrenheit. Die Höchsttemperaturen sollen morgen bei 85 Grad Fahrenheit liegen. Ich nehme mal an, dass das etwa 30 Grad Celsius sind, weil auf dem Bildschirm ein buntes Thermometer angezeigt wurde und dieser Wert im oberen roten Bereich lag.

Susanne | Sarah hat mich jetzt schon mehrmals gefragt, ob sie mir zeigen soll, wie man die Waschmaschine benutzt und ob wir genug Sachen zum Anziehen mitgebracht haben. Ich verstehe das nicht: Denkt sie, ich habe im Urlaub nichts Besseres zu tun, als Wäsche zu waschen? Und unser Gepäck hat sie doch wohl gesehen ...

DIE SACHE MIT DEN SACHEN

In den USA gilt es als unhygienisch, an zwei aufeinanderfolgenden Tagen dieselben Sachen zu tragen, einschließlich derselben Hose. Möglicherweise beruhte Sarahs besorgte Frage auf diesem Sachverhalt.

Was ist diesmal schiefgelaufen?

Eigentlich nichts. Torsten ist lediglich von dem Niveau der lokalen Fernsehnachrichten geschockt und kann sich außerdem nicht daran gewöhnen, dass die Temperaturen in den USA in *degrees Fahrenheit* angegeben werden. Umgangssprachlich lässt man das *Fahrenheit* allerdings weg und sagt lediglich *degrees*, z. B. *sixty-four degrees* (64 Grad).

FAHRENHEIT UND CELSIUS

Daniel Gabriel Fahrenheit (1686-1736) war ein deutscher Physiker, der 1709 das Alkoholthermometer und 1714 das Quecksilberthermometer erfand. 1724 stellte er die Temperaturskala vor, die seinen Namen trägt. Fahrenheit legte Null Grad bei der damals tiefsten erzeugbaren Temperatur fest, die durch das Mischen von gleichen Teilen Wasser, Eis und Salz erreicht wurde, und unterteilte den Abstand zwischen Gefrierpunkt (32 °F) und Siedepunkt von Wasser (212 °F) in 180 gleiche Teile, sprich Grad.

Um 1740 herum entwickelte der schwedische Astronom Anders Celsius (1701-1744) dann seinerseits eine Skala, die den Unterschied zwischen Gefrierpunkt und Siedepunkt von Wasser in 100 Grad einteilte und Fahrenheits Skala in Europa ablöste. Die USA benutzen jedoch bis heute die Skala des deutschen Physikers.

Wenn man von Fahrenheit in Celsius umrechnet, subtrahiert man 32 und multipliziert dieses Ergebnis mit 5/9. Bei der Umrechnung von Celsius multipliziert man mit 9/5 und addiert 32. Das gelingt sicher nur den wenigsten als Kopfrechnung. Einen über den Daumen gepeilten Wert erhält man, wenn man von dem Temperaturwert in Fahrenheit die Zahl 30 subtrahiert und das Ergebnis halbiert.

Besser als alles Umrechnen ist jedoch, wenn man ein Gefühl dafür bekommt, was die Temperaturangaben in Fahrenheit bedeuten. Beim Wetter ist das sicher am einfachsten. Der Gefrierpunkt liegt, wie gesagt, bei 32 °F. Bis 50 °F (10 °C) ist es relativ kühl, 70 °F (21 °C) sind eine angenehme Temperatur, bei 90 °F (etwas mehr als 32 °C) ist es sommerlich heiß und 100 °F (38 °C) bedeuten eine so unerträgliche Sommerhitze, dass man dann doch über die vielen Klimaanlagen in den USA froh ist.

Kriminalität in den USA

Dass es in den USA mehr Waffen und mehr Gewaltverbrechen als in Mitteleuropa gibt, stimmt sicher. Jedoch beschränkt sich die Kriminalität in der Regel auf einige wenige Stadtteile in Großstädten. Viele Straftäter ermorden sich dort im Rahmen von Bandenkriegen gegenseitig. Diese Stadtteile sollte man natürlich meiden. Der größte Teil des Landes bleibt jedoch von Gewaltverbrechen weitgehend verschont, und man kann dort Jahrzehnte lang leben, ohne je eine Waffe zu Gesicht zu bekommen oder gar einen Schuss zu hören.

Falls Sie wider Erwarten doch jemand bedroht und Ihr Geld verlangt, sollten Sie dieses ohne Diskussion herausgeben. In Großstädten ist es ratsam, für den Fall der Fälle einige Geldscheine mitzuführen, die man dann einfach aushändigt. Bewahren Sie auf jeden Fall die Ruhe und vermeiden Sie nach Möglichkeit längeren Blickkontakt und Wortwechsel mit dem Räuber. Die Chancen, dass Sie dann gesundheitlich zu Schaden kommen, sind extrem gering, da man es bei einem sogenannten *mugging* lediglich auf Ihr Geld und nicht auf Ihr Leben abgesehen hat.

12 NACH CHICAGO!

30. JULI, CHICAGO, ILLINOIS

Torsten | Heute sind wir mit dem Zug nach Chicago gefahren. Die Fahrt dauerte ungefähr viereinhalb Stunden und war irgendwie ganz anders, als ich erwartet hatte. Die amerikanische Eisenbahn, die *Amtrak* heißt, ist ziemlich altmodisch, die sollten sich wirklich mal in Europa oder Asien anschauen, wie ein moderner Bahnbetrieb aussieht!

Das ging schon auf dem Bahnhof los. Mark setzte uns dort auf dem Weg zu seiner Arbeit ab. Der Bahnhof von Ann Arbor ist gleich in der Nähe vom Krankenhaus, etwas außerhalb vom Stadtzentrum, und hat in etwa die Größe eines Dorfbahnhofs. Es gab nur ein kleines flaches Gebäude im Stil der Sechzigerjahre mit einem einzigen Bahnsteig davor. In dem Wartesaal, der kleiner zu sein schien als Mark und Sarahs Wohnzimmer, gab es nur zwei Schalter. Kaum zu glauben, dass eine Stadt mit mehr als 100.000 Einwohnern so einen mickrigen Bahnhof hat!

Das muss früher anders gewesen sein, denn das alte Bahnhofsgebäude, das sich gleich neben dem neuen befindet und jetzt anscheinend das vornehme Restaurant *Gandy Dancer* beherbergt, hatte enorme Ähnlichkeit mit einem deutschen Kleinstadtbahnhof aus der Zeit vor dem Ersten Weltkrieg und war um ein Vielfaches größer als der jetzige Bahnhof. Auch gab es ausreichend Platz für zusätzliche Gleise und Bahnsteige, die anscheinend irgendwann entfernt wurden.

Der Mann hinter dem vollverglasten Schalter verstand zunächst nicht, was wir wollten, nämlich Tickets für die 2. Klasse. »*Two second class tickets to Chicago and back*«, sagte ich zweimal. Er schaute mich verwirrt an. »*Do you want coach or business?*«, fragte er mich. Wie im Flugzeug, dachte ich und wählte natürlich *coach*.

Billig war das letztendlich aber auch nicht, denn wir bezahlten für zwei Personen fast 200 Dollar für die Hin- und Rückfahrt. Warum wir auf den wie Flugtickets aussehenden Fahrkarten (wir bekamen pro Person eine für die Hinfahrt und eine für die Rückfahrt) unterschreiben mussten, verstehe auch, wer will. Zumindest haben wir kostenlose Stadtpläne für Chicago dazubekommen.

Als der Zug in den Bahnhof einfuhr, wollten wir natürlich in den erstbesten Wagen steigen, worauf uns ein Schaffner ansprach. Er fragte uns, wo wir hinwollten, ließ sich unsere Fahrkarten zeigen und sagte uns dann, dass wir weiter vorne einsteigen sollten. Das Einsteigen in den Zug erfolgte anscheinend nach Zielort. Wir hasteten am Zug entlang, wurden noch zweimal abgewiesen und durften schließlich in den Wagen klettern, der für Passagiere bestimmt war, die nach Chicago wollten. Und »klettern« ist das einzig zutreffende Wort, denn der Bahnsteig war zu ebener Erde und der Schaffner musste einen kleinen Eisenschemel vor das Trittbrett stellen, damit man überhaupt auf die erste Stufe gelangen konnte. Aber für Leute, die in *business* reisten, gab es selbstverständlich eine Rampe.

Die Waggons waren geräumig und erinnerten mich von ihrer Größe her sofort an die russische Eisenbahn und temperaturmäßig an Sibirien, denn die Klimaanlage arbeitete natürlich auch hier auf Hochtouren. Die Fenster waren klein und was die Einrichtung betraf, war die Zeit wohl irgendwann in den Achtzigerjahren stehen geblieben. Allerdings, und das war wesentlich besser als in unseren Zügen, waren die Gepäckablagen und auch die Sitze sehr breit.

Das Angebot im Imbisswagen war leider eher bescheiden und, wie wahrscheinlich überall auf der Welt, stark überteuert. Als ich eine Cola kaufte, bekam ich natürlich einen mit Eiswürfeln gefüllten Plastikbecher dazu. Die Amerikaner und ihre Eiswürfel, das ist schon irgendwie cool.

Einen Mangel an Personal scheint es bei der amerikanischen Bahn nicht zu geben: Am Anfang kam ein Schaffner durch, der unsere Fahrkarten kontrollierte. Er behielt jeweils zwei Drittel des Tickets für sich und gab uns nur einen abgerissenen Teil zurück. Fünf Minuten später kam ein anderer Schaffner durch und fragte jeden Fahrgast, wo er hin wollte. Er schrieb daraufhin Buchstabenkürzel auf Papierstreifen und steckte diese an die Gepäckablage. Warum das der erste Schaffner beim Einsammeln der Tickets nicht bereits gemacht hatte, weiß der Kuckuck. Einige Minuten später kam dann noch ein dritter Schaffner und nahm Reservierungen für den Speisewagen entgegen.

Die Fahrt verlief reibungslos und der Blick aus dem Fenster war ganz interessant: Da gab es kleine Städtchen, riesige Industrieanlagen und letztlich tauchte am Horizont auch Chicago auf. Als wir im Schneckentempo durch eine Vorstadt rollten, in der offensichtlich extreme Armut herrschte, wurde es ganz still im Zug.

Der Bahnhof in Chicago hat mich dann sogar noch mehr geschockt. Richtige Bahnsteige schien es hier nicht zu geben. Wir stiegen in einer Art dunkler, feuchter Fabrikhalle aus und mussten einen schmalen Steig bis zur eigentlichen Bahnhofshalle entlanggehen, die dann allerdings doch ganz ordentlich aussah.

Als wir aus dem Bahnhofsgebäude traten, verschlug es uns den Atem. Gigantische Wolkenkratzer, wohin man auch sah! Häuserschluchten in jede Richtung. Zahllose Menschen und hupende Autos. So hatte ich mir Amerika vorgestellt!

Unsere erste Amtshandlung bestand im Umstellen der Uhren. Mark hatte uns extra darauf hingewiesen, dass Chicago in einer anderen Zeitzone als Ann Arbor liegt. Hier ist es eine Stunde früher!

Zu unserem Hotel konnten wir zu Fuß gehen und von unserem Zimmer, in dem wir schnell unser Gepäck abstellten, hatten wir einen tollen Ausblick auf den Michigansee und einen davor liegenden Park. Wir sind auch gleich mal die Haupteinkaufsstraße, die *Michigan Avenue*, hochgelaufen. Die Menschenmassen waren unglaublich! An den Fußgängerübergängen stauten sich jedes Mal mindestens 100 Leute. An einigen Stellen gab es Straßenkünstler, an denen ein Vorbeikommen wegen der rundherum stehenden Menschen auch fast unmöglich war. Einmal hätten Susanne und ich uns in dem Gewühl fast verloren. Die Mittagshitze wurde zudem nahezu unerträglich.

Später sind wir ins *John Hancock Center* rein. Das ist ein riesiger Wolkenkratzer, der sich auch in der *Michigan Avenue* befindet. Gegen 21 Dollar Eintritt kann man zur 94. Etage hochfahren und dort nach allen Seiten auf Chicago herunterschauen. Das ist zwar ganz schön teuer, aber die Aussicht aus 300 Metern Höhe war wirklich super. Die anderen Hochhäuser waren zum Teil echt klein im Vergleich, aber viele hatten einen Swimmingpool auf dem Dach! Und dann gab es da noch einen Strand, der sich nach Norden am blauen Wasser des Michigansees entlangzog und an dem sich viele Leute zu tummeln schienen. Das wäre in dieser Hitze genau das Richtige!

Wir haben unten im Hochhaus noch einen Kaffee getrunken und Käsekuchen gegessen, und zwar in einem Restaurant, das *Cheesecake Factory* hieß. Der Käsekuchen war allerdings ganz anders als bei uns, nicht so locker und viel, viel süßer. Wir konnten beide unsere Stücke nicht aufessen.

Als wir mit dem Essen fertig waren und gerade aufbrechen wollten, empfahl uns der Kellner noch, mit dem Wassertaxi von der *Navy Pier* zum *Aquarium* zu fahren. Wir schauten in den kleinen Reiseführer, den wir in Ann Arbor gekauft hatten, und erfuhren, dass es sich dabei um ein Meereskundemuseum am Ufer des Michigansees handelt. Da werden wir dann morgen früh mal hin.

STRANDURLAUB IN CHICAGO

Mit einem Strandurlaub bringt man in den USA eher Miami Beach oder Los Angeles in Verbindung. Ein Geheimtipp sind dagegen die 24 Strände in Chicago und die angenehmen Temperaturen des Michigansees.

Der Strand, den Torsten vom Hancock Center aus gesehen hat, ist der North Avenue Beach, der wohl schönste Sandstrand in Chicago. Er befindet sich am Ufer des Stadtteils Lincoln Park und wurde Ende der Dreißigerjahre aufgeschüttet. Auch der nahegelegene Zoo ist einen Besuch wert.

Vom Stadtzentrum aus erreicht man den North Avenue Beach in zehn bis zwanzig Minuten mit der Buslinie 151, die zahlreiche Haltestellen in der Michigan Avenue hat. Eine Anfahrt per Auto ist nicht zu empfehlen, da der Parkplatz des Zoos, der die einzige Parkmöglichkeit in Strandnähe bietet, sehr teuer ist. (Der Zoo finanziert sich auf diese Weise und bietet das ganze Jahr über freien Eintritt.)

Nach Möglichkeit sollte man die Strände in Chicago an Wochentagen besuchen, denn am Wochenende sind sie, zumindest nachmittags, extrem überlaufen. Das dürfte bei einer Stadt mit fast drei Millionen Einwohnern auch kaum überraschen.

Was ist diesmal schiefgelaufen?

Was Torsten nicht wissen konnte: In den USA gibt es keine »zweite Klasse«, weil der Begriff *second class* für amerikanische Ohren zu abwertend klingt und irgendwie an *second class citizen* (Bürger zweiter Klasse) erinnert. Deshalb wird stattdessen der wohlklingende Begriff *coach* verwendet, was so viel wie »Touristenklasse« bedeutet. Außerdem sollte man Fahrkarten für Amtrak-Züge unbedingt im Voraus kaufen. Zum einen sind sie dann billiger, und zum anderen vermeidet man, dass der Zug möglicherweise ausverkauft ist, denn es können immer nur so viele Leute mitfahren, wie es Sitzplätze gibt. Der englische Begriff für Hin- und Rückfahrt, und das wusste Torsten anscheinend auch nicht, ist *round trip*.

Das Einsteigen erfolgt tatsächlich recht geordnet. Normalerweise wird man nach dem Fahrtziel befragt und bekommt dann dementsprechend einen bestimmten Wagen zugewiesen. Auf vielen Bahnhöfen kann man den Bahnsteig auch erst nach dem Einfahren des Zuges betreten, muss dann oft in einer Schlange warten und wiederholt seine Fahrkarte vorzeigen. Das Ganze erscheint jedenfalls wesentlich umständlicher als wir das gewohnt sind und erfordert eine gehörige Portion Geduld.

In den meisten Zügen kann man Getränke und einen kleinen Imbiss kaufen. Man sollte dem Angestellten in der *Snack Bar* ein kleines Trinkgeld hinterlassen, falls er mehr gemacht hat, als nur einen Schokoriegel über die Theke zu reichen, z. B. wenn er Ihnen Kaffee eingefüllt oder ein Sandwich aufgewärmt hat.

Amerikanische Bahnhöfe

Die amerikanischen Bahnhöfe sind auch nicht das, was wir aus Europa gewohnt sind. Wäre die Zeit vor 100 Jahren stehen geblieben, dann wären sie ja vielleicht noch recht angenehm. So aber sind die Bahnhöfe nur Orte, wo man Fahrkarten kaufen kann (falls man sie nicht schon auf der Amtrak-Website erworben hat), wo man in den Zug ein- und aussteigt und wo man ansonsten so wenig Zeit wie möglich verbringt. Die großen Bahnhöfe, wie die *Chicago Union Station* (www.chicagounionstation.com) haben zwar auch eine historische Schalter- und Wartehalle wie in Europa, eine Ankunftshalle mit breiten Bahnsteigen, wie wir es kennen, gibt es jedoch normalerweise nicht. Die Züge halten stattdessen in dunklen Hallen, die irgendwie an Fabriken gegen Ende des 19. Jahrhunderts erinnern und in denen man sich auch nicht aufhalten, sondern lediglich schnurstracks und im Gänsemarsch zu seinem Wagen bzw. zum Ausgang gehen darf.

Viele Bahnhöfe sind zudem zweckentfremdet worden oder stehen leer und verfallen zusehends, weil die Bahngesellschaft *Amtrak* sie durch kleine Flachbauten ersetzt hat, die in der Instandhaltung billiger sind als die alten Gebäude. *Amtrak* macht leider seit Jahren herbe Verluste und einige Politiker würden am liebsten überhaupt kein Geld mehr für den Bahnbetrieb zur Verfügung stellen. Die wenigen Züge, die heute noch auf den verbliebenen Strecken fahren, sind allerdings regelmäßig ausverkauft.

Insgesamt ist das Zugfahren in den USA aber recht angenehm, wenn man genügend Geduld mitbringt und keine europäischen Maßstäbe ansetzt. Man fährt durch Landschaften, die man im Auto oder Flugzeug nicht gesehen hätte. Viele Züge haben sogar einen Aussichtswagen, der einen Panoramablick ermöglicht. Allerdings ist es in den Zügen oft recht kalt, sowohl im Sommer wegen der Klimaanlage als auch im Winter, wenn die Heizung nicht angemessen funktioniert. Man sollte daher einen Pullover, eine Jacke oder eine leichte Decke dabeihaben.

ZEITZONEN IN DEN USA

Die sogenannten *lower 48 states*, d.h. alle Bundesstaaten außer Hawaii und Alaska, liegen in vier verschiedenen Zeitzonen: Von der Ostküste bis hin zum Michigansee herrscht die *Eastern Standard Time* (EST). Dort ist es sechs Stunden früher als in Mitteleuropa. Westlich davon, also auch in Chicago, gilt die *Central Standard Time* (CST). In der Gegend der Rocky Mountains werden die Uhren nach der *Mountain Standard Time* (MST) gestellt. An der Westküste ist es wegen der *Pacific Standard Time* (PST) drei Stunden früher als an der Ostküste und neun Stunden eher als in Mitteleuropa. Der Zeitunterschied zwischen *Alaskan Time* und *Eastern Standard Time* beträgt sogar vier Stunden und in Hawaii ist es noch eine weitere Stunde früher.

Die Zeitzonen waren 1883 von den amerikanischen und kanadischen Eisenbahngesellschaften eingeführt worden. Zuvor hatte jeder Ort in den USA seine eigene Zeit, die vom Sonnenstand abhing. Es dauerte auch eine Weile bis die Zeitzonen von allen akzeptiert wurden. 1918 wurden sie dann schließlich Gesetz.

13 DIE SACHE MIT DER DUSCHE

30. JULI, CHICAGO, ILLINOIS

Torsten | An unser Hotelzimmer, so schön und modern es auch aussah, mussten wir uns erst einmal gewöhnen. Beim Betreten hätte es uns nicht überrascht, Rinderhälften von der Decke hängen zu sehen, denn die Temperatur erinnerte uns eher an den Kühlraum eines Schlachthauses als an ein gemütliches Hotelzimmer. Die Klimaanlage, die unter dem Fenster steckte, machte zudem einen Lärm wie ein Traktor. Susanne blieb erst einmal draußen, bis ich die ratternde Kühlbox ausgeschaltet hatte. Danach machte sie sich auf den Weg ins Badezimmer, während ich das Bett inspizierte. Dabei kam ich mir vor wie auf der *Documenta* in Kassel, wo einmal diese überdimensionalen Möbelstücke ausgestellt wurden. Das Bett war so hoch, dass man fast raufklettern musste, und wenn man dies dann bewerkstelligt hatte, konnte man auch durchaus quer darauf liegen, denn es hatte in etwa die Fläche eines deutschen Kleingartens. Als wir später schlafen gingen, musste ich mich erst einmal auf die Suche nach Susanne machen, die sich am anderen Ende des Bettes aufhielt und immer noch sauer über das Missverständnis mit der Dusche war. Wir konnten nämlich beim besten Willen nicht die richtige Konstellation der drei Drehknöpfe und des Schalterarmes herausfinden, die ein normales Duschen ermöglicht hätte.

Frustriert gingen wir zur Rezeption und Susanne begann mit den Worten: »*The douche is not working ...*« Der Mann an der Rezeption schaute sie mit großen Augen an. Wahrscheinlich hatte er sie nicht verstanden. »*She wants to have a douche*«, sprang ich ihr bei. »*There's a CVS across the street ...*«, sagte der Rezeptionist zögerlich. Ich begriff gar nichts. Hinter mir hörte ich unterdrücktes Lachen. Ich blickte mich um, und da war eine Frau unseren Alters, die mich erst amüsiert anschaute und dann an den Hotelangestellten gerichtet sagte: »*I think they are talking about the shower.*« Und an uns gerichtet: »Das englische Wort für Dusche ist *shower.*« Beim Weggehen sagte sie lachend: »*Douche* ist etwas ganz anderes!«

Ein Angestellter begleitete uns zu unserem Zimmer und zeigte uns, wie man die Dusche richtig anstellte. Auf meine Frage nach einem richtigen Bettbezug bekam ich jedoch nur eine unverständliche Antwort.

Dass die dünne Decke und das Laken, mit dem man sich zudecken sollte, zudem in dieser Schlachthauskälte, am Fußende unter der Matratze eingesteckt waren, hat mich dann später so aufgeregt, dass ich nach ein paar Minuten aufsprang und das alles erst einmal auseinanderriss. Susannes genervtes Gestöhne am anderen Ende des Bettes war dabei total unnötig, ebenso wie das dritte Kopfkissen, über dessen Zweck man auch nur spekulieren konnte. Als ich es zu Susanne rüber schmiss, war das der Auftakt für eine intensive Kissenschlacht ...

Was ist diesmal schiefgelaufen?

Manche englische und deutsche Wörter sind sich phonetisch sehr ähnlich. Das verleitet zu der Vermutung, dass sie auch das Gleiche bedeuten. Diese heimtückischen Vokabeln werden *false friends* (falsche Freunde) genannt. So bedeutet *become* nicht etwa »bekommen«, sondern »werden«, und *eventually* nicht »vielleicht«, sondern »letztendlich«. Das Wort *douche* ist auch so ein sprachlicher Fallensteller und bedeutet nicht etwa, wie man annehmen könnte, »Dusche« oder »duschen«, sondern bezeichnet eine Intimspülung für Frauen. Wobei Torsten das Wort *shower* aber eigentlich hätte kennen müssen, falls seine Englischkenntnisse wirklich so gut sind, wie er nun schon mehrmals behauptet hatte.

Die amerikanische Bettwäsche, zumindest in Hotels, ist ähnlich hinterhältig wie die englische Sprache. Die Betten sind, da hat Torsten recht, in der Regel sehr groß. Da sie normalerweise aus einem kastenförmigen Untersatz und einer sehr dicken Matratze bestehen, sind sie auch sehr hoch. Das erleichtert besonders älteren und stark übergewichtigen Leuten das Aufstehen, da sie vom Bettenrand beinahe in den Stand rutschen können. Zum Zudecken gibt es eine dünne Decke mit einem Laken an der Unterseite. Bevor man zu Bett geht, sind beide an der Seite und am Bettende zwischen Matratze und Untersatz eingesteckt – wenn man sie herauszieht, zieht man zwangsläufig auch das Bettlaken heraus. Sinn macht das Ganze nicht, wie man es auch betrachtet. Während des Tages liegt obendrauf noch eine Steppdecke. Die Kopfkissen sind meistens riesengroß und die Zahl kann zwischen zwei und sechs variieren. Manchmal unterscheiden sie sich in der Dicke und in der Art der Füllung, sodass man sich das bequemste heraussuchen kann. In vielen Hotelzimmern gibt es zwei große Betten, genug also, um eine mehrköpfige Familie unterzubringen, wovon viele Amerikaner dann auch Gebrauch machen.

Wie die Dusche angestellt wird, kann in den USA hin und wieder durchaus zum Intelligenztest werden. Manchmal gibt es drei

Knöpfe, andere Male nur einen. Wenn man es geschafft hat, die Temperatur zu regeln, stellt sich die Frage, wie man den Wasserfluss vom Hahn unmittelbar über dem Abfluss auf die eigentliche Dusche umschaltet. Das eine Mal muss ein Knopf gedreht werden, ein anderes Mal wird irgendwo ein Hebel gezogen oder direkt am Hahn ein Ring heruntergedrückt. Durch systematisches Tasten und Experimentieren sollte man das Rätsel jedoch in einem angemessenen Zeitrahmen lösen können. Falls Sie es dennoch nicht schaffen, sollten Sie an der Rezeption fragen: »*Excuse me, how do I turn on the shower?*«

DIE ERSTE KLIMAANLAGE

Am 2. Juli 1881 wurde Präsident James Garfield, der erst knapp vier Monate im Amt gewesen war, von dem geistig verwirrten Charles J. Guiteau angeschossen. Eine der Kugeln streifte seinen Arm, die andere drang in seinen Bauch ein und verletzte den erst 49 Jahre alten Präsidenten schwer.

In den folgenden Wochen war Garfield bettlägerig. Die Ärzte bemühten sich vergeblich, die Kugel zu finden, indem sie ihre nicht ausreichend desinfizierten Finger in den Schusskanal einführten. Der berühmte Erfinder Alexander Graham Bell versuchte ebenfalls ohne Erfolg, die Kugel mit einem Metalldetektor zu finden. Wie sich später herausstellte, hatten die Metallfedern in der Matratze des Präsidenten das Gerät unbrauchbar gemacht.

Garfield ging es zunehmend schlechter, da er sich durch die mangelnde Hygiene der Ärzte Infektionen und Fieber zuzog. Zudem war es in Washington, D. C. in diesem Sommer ausgesprochen heiß. Um die Leiden des Präsidenten zu lindern, installierte ein Ingenieur der Marine die möglicherweise erste Klimaanlage der Welt in Garfields Schlafzimmer im Weißen Haus. Er brachte ein Gebläse über einer Kiste mit Eis an, und die kalte Luft wurde zunächst durch einen Schacht mit Leinwänden geblasen, um sie zu trocknen, und gelangte dann durch den Heizungsschacht in den Raum, so wie das auch heute in vielen amerikanischen Häusern der Fall ist. Auf diese Weise gelang es, die Raumtemperatur zeitweise um 20 °F (11 °C) zu senken.

Trotz aller Anstrengungen starb Garfield am 19. September 1881 an den Folgen der Schussverletzung.

14 COLD SORES

1. AUGUST, CHICAGO, ILLINOIS

Torsten | Susanne hatte mal wieder einen gewaltigen Herpes-Ausbruch und dummerweise haben wir die Lippencreme in Deutschland vergessen. Also machten wir uns heute Vormittag auf die Suche nach einer Apotheke. Nachdem wir eine Stunde ziellos umhergewandert waren und vergeblich gesucht hatten, steuerten wir ein Geschäft mit der Aufschrift *drug store* an, nachdem wir uns im Wörterbuch versichert hatten, dass es sich um eine Drogerie handelte. Sicher würde man uns hier wenigstens Auskunft geben können.

Wir stöberten aber erst einmal etwas orientierungslos im Laden herum, weil wir uns nicht so richtig trauten, jemanden anzusprechen – obwohl uns die Kassiererin beim Betreten ein begeistertes »*Hello!*« entgegengeschrien hatte. Da ich am Vorabend im Fernsehen eine kurze Werbung zum Thema Herpes gesehen hatte, wusste ich aber immerhin, wie man das Wort richtig auf Amerikanisch ausspricht, nämlich mit einem gedehnten ie in der zweiten Silbe. Also übte ich mit Susanne die Aussprache vor dem Waschmittelregal.

»*Herpies*«, sagte ich. Susanne schaute mich an. Manchmal war sie einfach schwer von Begriff. »*Herpiiies!*«, wiederholte ich lauter.

Zwei junge Männer drehten sich nach uns um und lachten. »Was heißt denn: Brauche ich ein Rezept?«, fragte mich Susanne. Das war einfach: *»Do I need a recipe?«*, antwortete ich. Susanne schaute mich genervt an. Sie hasst es, wenn Sie mich etwas fragen muss. Als wir aber das Ende der Waschmittelallee erreichten und um die Ecke bogen, sah ich sie plötzlich frohlocken. Sie streckte einen ihrer relativ kurzen Arme aus und sagte: »Guck mal, sieht das nicht wie ein Apothekenschalter aus?«

Am anderen Ende des Drogeriemarktes, der etwa fünfmal so groß wie eine Rossmann-Filiale war, lag eine Ladentheke, über der in riesigen Buchstaben *Pharmacy* stand und hinter der Männer und Frauen in weißen Kitteln hin und her eilten. Wir stellten uns an. Vor uns holte eine ältere Frau ein Dutzend verschiedene Medikamente ab. Im Hintergrund befand sich eine große Glasscheibe durch die eine Apothekerin mittels Wechselsprechanlage mit einem Mann sprach, der draußen vor der Scheibe in einem Auto saß und wahrscheinlich eine dermaßen infektiöse Krankheit hatte, dass er nicht in den Laden kommen konnte. Manchmal haben die Amerikaner so richtig gute Ideen, dachte ich und sah mich im Geiste in einer deutsche Apotheke im Winter, umzingelt von hustenden und niesenden Menschen.

Ich wurde aus meiner Gedankenwelt gerissen, als wir an der Reihe waren und die junge Frau hinter dem Schalter irgendetwas zu uns sagte und uns danach erwartungsvoll und hilfsbereit ansah. Ich stieß Susanne in die Rippen.

Sie räusperte sich und brachte den zurechtgelegten Satz überraschend gut heraus: *»Do I need a recipe for my herpes?«* Ich war stolz auf sie und mich – die junge Apothekerin starrte sie allerdings mit offenem Mund an. Offenbar hatte Susannes gutes Englisch ihr die Sprache verschlagen. Susanne wiederholte ihre Frage und deutete auf ihre Unterlippe. *»We call that cold sores«*, sagte die junge Frau lächelnd. Sie fragte, wo wir herkämen und führte uns dann zu einem nahe gelegenen Regal, wo sie Susanne eine Handvoll Mittel zeigte.

Ich war verwirrt. Im Fernsehen hatten sie doch eindeutig von *Herpiiiees* gesprochen. Das Wort Herpes war sogar auf dem Bildschirm eingeblendet worden, während junge Paare Hände haltend in die Kamera lächelten und sich dann küssten. Das verstehe, wer will. Na egal, hoffentlich hilft die Creme, denn mir ist im Moment nicht nach Küssen zumute.

Was ist diesmal schiefgelaufen?

Torsten und Susanne hätten sich die zeitraubende Suche sparen können. Reine Apotheken *(pharmacies)* wie in Deutschland gibt es in den USA nur wenige. Oft bekommt man seine Medikamente an einem *Pharmacy*-Schalter im Super- bzw. Drogeriemarkt. Rezeptfreie Medikamente sind weitgehend in den Regalen aufgestellt, ein Rezept (*prescription* – das Wort *recipe* bedeutet ausschließlich »Kochrezept«) gibt man dem Apotheker am Schalter.

Da die Medikamente meistens in Großpackungen angeliefert werden, muss der Apotheker die verschriebene Menge erst abzählen, wodurch es vorkommen kann, dass man schon mal eine halbe Stunde auf seine Medizin warten muss. Wer regelmäßig ein Medikament bekommt, ruft deshalb vorher an und kann es dann später mit dem Fahrzeug am *drive-thru*-Schalter abholen. Der Mann im Auto hatte also keine superinfektiöse Krankheit, sondern machte einfach nur von diesem Service Gebrauch.

Mit dem Begriff *herpes* ist in den USA umgangssprachlich ausschließlich Genitalherpes gemeint, worüber man aber öffentlich wohl kaum jemanden reden hören wird. Allerdings gibt es mitunter Fernsehwerbungen für die entsprechenden Medikamente. Torsten konnte jedoch nicht wissen, dass damit nur eine bestimmte Art Herpes gemeint ist. Lippenherpes wird stattdessen euphemistisch *cold sores* (Fieberbläschen) genannt. Die entsprechenden Cremes für *cold sore relief* bzw. *cold sore treatment* gibt es frei verkäuflich in jedem Drogeriemarkt, z.B. bei *Walgreens*, *Rite Aid* und *CVS* sowie in den Medikamentenregalen vor den *Pharmacy*-Schaltern der großen Supermärkte.

HEIMATLICHE SÜSSIGKEITEN IN DEN USA

Amerikanische Drogeriemärkte sind eine gute Anlaufadresse, falls man Appetit auf Süßigkeiten aus dem deutschsprachigen Raum hat. Bei *Walgreens* gibt es z. B. Produkte der Marken Milka, Ritter Sport, Riesen, Merci, Lindt, Werther's, Toblerone und Ferrero. Schokoladentafeln, die von Sarotti in Deutschland hergestellt wurden, gibt es dort und in vielen anderen Läden als *Cacao Reserve by Hershey's*. Weihnachtsstollen und Glühwein bekommen Sie bei Aldi.

15 VON SCHOKOLADENBÄLLEN UND HAIEN

1. AUGUST, CHICAGO, ILLINOIS

Torsten | Nachdem wir Susannes Herpes-Medizin gekauft hatten, sind wir zum *Navy Pier* gegangen. Von dort fuhren wir mit dem Wassertaxi zum Meereskundemuseum, so wie der Kellner in der *Cheesecake Factory* es uns empfohlen hatte.

Der *Navy Pier* ist laut unserem Reiseführer ein alter, mehr als 1.000 Meter langer Anlegesteg für Schiffe, der 1920 in den Michigansee hineingebaut wurde und auf dem jetzt eine Art Vergnügungsviertel untergebracht ist. Es gibt dort ein Kino, ein Theater, mehrere Museen, Karussells, ein Riesenrad und natürlich viele Imbissbuden.

Da es sehr heiß war und wir bis zur Abfahrt des nächsten Wassertaxis noch 15 Minuten Zeit hatten, entschieden wir uns, schnell ein Eis zu essen. Wir nahmen einen Stand mit circa 30 Sorten Kugeleis in Augenschein. Die Bedienung war auch sogleich zur Stelle und fragte, was wir begehrten. In dem Moment wurde mir klar, dass ich gar nicht wusste, was »Kugel« auf Englisch heißt. Zum Nachschlagen im Wörterbuch war es nun zu spät, also blieb mir nichts anderes übrig, als zu raten – und zu hoffen, dass ich diesmal richtig lag, denn Susanne begann sicher langsam meine Sprachkenntnisse zu hinterfragen. Um ihre aufkommenden Zweifel zu zerstreuen, sagte ich selbstbewusst und ohne zu zögern: *»I have two chocolate balls!«*

Die Frau hinter der Theke, eine wuchtige Afroamerikanerin, schaute mich eine Sekunde lang erstaunt an und begann dann hysterisch zu lachen. Als sie wieder Luft bekam, sagte sie etwas zu ihrem Kollegen, der auch schwarz war und sich dann vor Lachen ebenfalls kaum wieder einkriegte. Als er irgendwas zu Susanne sagte, begann seine Kollegin zu kreischen. Mir wurde das zu viel – ich deutete auf das Schokoladeneis und hielt ärgerlich zwei Finger hoch. Die Verkäuferin entschuldigte sich und begann, das Eis in eine Waffel zu schaufeln. Dabei kicherte sie und redete mit sich selbst.

Immerhin: Die zwei Kugeln waren genauso gigantisch wie die Verkäuferin und entsprachen in etwa fünf deutschen Kugeln! Ihr Kollege fragte Susanne, ob sie auch *two chocolate balls* wollte. Sie sagte: *»Only one.«* Mit Blick auf meine Eiswaffel fügte sie hinzu: *»Your balls are big!«* Daraufhin starben die beiden Eisverkäufer beinahe vor Lachen.

Ich habe keine Ahnung, was die so lustig fanden, aber zumindest hatten sie Spaß bei ihrer wahrscheinlich schlecht bezahlten Arbeit. Und trotz ihrer Lachanfälle versuchten sie, freundlich zu bleiben. War ja klar, dass wir aus Versehen was Lustiges gesagt hatten, fragt sich nur was? Am Ende wollten sie dann *four bucks*, was anscheinend »vier Dollar« bedeutete.

Für den Dollar gibt es in den USA die umgangssprachliche Bezeichnung *buck*. Wenn es sich um mehr als einen Dollar handelt, wird sowohl bei *buck* als auch bei *dollar* am Ende ein *s* angehängt, also zum Beispiel *two bucks* oder *three dollars*.

Unser Wassertaxi war inzwischen eingetroffen und wir gingen mit circa 20 anderen Leuten an Bord. Der Kapitän zeigte uns zuerst, wo die Schwimmwesten waren, falls wir untergehen würden. Das war allerdings sehr unwahrscheinlich, denn der Himmel war blau und es gab kaum Wellen auf dem Michigansee. Aber immerhin, wir hatten ja auch beim Tretboot fahren in Ann Arbor gedacht, dass nichts passieren könnte ... Die Fahrt verlief nun allerdings ohne Materialermüdung oder andere Zwischenfälle und hat sich wirklich gelohnt, vor allem wegen der tollen Aussicht auf die Stadt vom Wasser aus. Solche genialen Wolkenkratzer habe ich in meinem Leben noch nicht gesehen!

Wir legten in unmittelbarer Nähe vom Meereskundemuseum *Shedd Aquarium* an. Aus der Tür hinaus und eine breite Treppe hinunter gab es eine lange Schlange von Menschen. Ich hatte eigentlich keine richtige Lust, mich da anzustellen, aber Susanne wollte unbedingt die Pinguine und die Delfine sehen.

Wir standen zwar nicht lange an, die Eintrittspreise waren jedoch der Hammer: 40 Dollar pro Person! Das waren 80 Dollar für uns beide. Das war mir zwar echt zu teuer, aber Susanne zuliebe bin ich dann doch rein und war am Ende auch froh darüber, denn dieses Museum ist echt toll. Es gibt dort jede Menge kleine und große Aquarien mit interessanten Fischen und ein Riesenaquarium in der Mitte, in dem sogar Haie schwimmen. Auch ein Mann im Taucheranzug war im Aquarium, um irgendwelche Wartungsarbeiten auszuführen – ich stellte mir im Geiste vor, wie er vor den Augen von Hunderten Schulkindern von den Haien zerfetzt wurde ...

Das Delfin-Becken war ebenfalls großartig. Man konnte eine Treppe hinuntergehen und dort die Delfine durch Panzerglas hindurch beim Schwimmen unter Wasser beobachten. Oben gab es eine Arena mit Hunderten Sitzen, und als wir dort hinkamen, ging gerade eine Vorführung mit den Delfinen zu Ende. Susanne wollte sich unbedingt die nächste Vorstellung ansehen und ganz nah am Becken sitzen. Also haben wir uns eben hingesetzt und gewartet. Neben uns nahm eine Familie mit zwei Kindern Platz, ein Junge und ein Mädchen, die ungefähr sechs, sieben Jahre alt waren und jedes Mal schrien, wenn ein Delfin aus dem Wasser sprang.

Als die Vorstellung begann, schrie Susanne mit den Kindern und den anderen Zuschauern im Chor, und ich bekam gewaltige Kopfschmerzen. Der Dompteur holte nach und nach Leute aus dem Publikum, die den Delfinen Fische zuwerfen und sie zu Kunststücken anregen konnten. Als auch das neben uns sitzende Mädchen an den Beckenrand gerufen wurde, wollte ich mal ebenso freundlich wie die Amerikaner sein und zeigte der Kleinen meine gedrückten Daumen – toi, toi, toi! Von der Familie handelte ich mir dafür nur verständnislose Blicke ein. Das hat man nun davon.

Hinterher sind wir noch in der Stadt rumgelaufen und haben *Chicago Style Pizza* gegessen, eine Pizza, die so dick wie eine Torte war und hauptsächlich aus Tomatensoße bestand. Angeblich ist das eine lokale Spezialität.

Was ist diesmal schiefgelaufen?

Torsten und Susanne traten in Chicago offensichtlich von einem sprachlichen Fettnäpfchen in das nächste: Zuerst war da das Missverständnis mit der Dusche, dann die Sache mit der Herpes-Creme und jetzt lachten sich auch noch die Eisverkäufer kaputt!

Der Grund für den neuesten sprachlichen Unfall: Das englische Wort für Kugel ist *scoop* und der Plural ist *scoops*. Mit dem

Wort *balls* werden umgangssprachlich die Hoden bezeichnet, statt »Eier« sagen die Amerikaner also »Bälle«. Außerdem muss es *»I'll have«* statt *»I have«* heißen. Und da Torsten weißer Hautfarbe ist, fanden es die schwarzen Eisverkäufer besonders absurd und lustig, dass er von sich behauptete, *chocolate balls* zu haben.

Verkäufer sind zwar in den USA fast immer ausgesprochen freundlich und lachen normalerweise nicht über ihre Kunden, aber natürlich sind auch sie nur Menschen und können sich deshalb nicht immer das Lachen verkneifen, besonders nicht in einer Situation wie dieser.

AMERIKANISCHE EISBECHER

Da wir schon einmal beim Thema Eis sind: Eine große Vielfalt an Eisbechern, wie wir sie gewohnt sind, gibt es in den USA leider nicht. Eisdielen bieten zumeist nur den *Sundae* und den *Banana Split* an. Beide sind amerikanische Erfindungen, deren Geschichte damit zusammenhängt, dass Drogerien und Apotheken im 19. Jahrhundert der übliche Ort für die Herstellung und den Verzehr von Eis und Brausegetränken waren.

Um die Herkunft des *Sundae*, eines Eisbechers mit Vanilleeis und Karamell-, Schokoladen- oder Erdbeersauce, gibt es Streit, denn mehrere Städte in den USA reklamieren, der Geburtsort zu sein. Eine Legende besagt, dass der Drogist Charles Sonntag in Plainfield (Illinois) um 1893 diese Leckerei erfand und nach sich selbst benannte. Später soll *Sonntag* dann in *Sunday* umgewandelt worden sein. Aber auch Two Rivers (Wisconsin), Evanston (Illinois) und Ithaca (New York) haben einleuchtende Geschichten zur Entstehung dieses Eisbechers, der an allen drei Orten zuerst sonntags verkauft wurde. Wie es zu der ungewöhnlichen Schreibung *Sundae* gekommen ist, weiß allerdings niemand.

Der *Banana Split*, der in Deutschland als Bananensplit bekannt ist, wurde wahrscheinlich 1904 von einem Apotheker in Latrobe (Pennsylvania) entwickelt und war im Prinzip ein Luxus-Sundae mit einer geteilten (engl. *split*) Banane. Aber auch hier gibt es Streit, denn die Stadt Wilmington (Ohio) besteht darauf, dass ein örtlicher Restaurantbesitzer den *Banana Split* im Jahr 1907 erfunden hat. Die Verbreitung des *Banana Split* wird allerdings der Drogeriemarktkette *Walgreens* zugeschrieben, die diese Leckerei in ihren Anfangsjahren in Chicago anbot.

Wortlose Kommunikation

Auch bei der wortlosen Kommunikation hatte Torsten kein Glück: Die verständnislosen Blicke als Reaktion auf sein freundliches Daumendrücken am Delfin-Becken lassen sich dadurch erklären, dass Amerikaner mit dieser Geste schlichtweg nichts anfangen können. Wenn sie jemandem Glück wünschen, kreuzen sie den Mittelfinger über den Zeigefinger und sagen *»Fingers crossed!«* Den Daumen *(thumb)* benutzen sie dagegen, um Zustimmung oder Ablehnung auszudrücken. Eine Faust mit nach oben gestrecktem Daumen heißt *thumbs up*, also Zustimmung, und eine Faust mit nach unten gerichtetem Daumen bedeutet Ablehnung, *thumbs down*. Diese Geste kennen wir auch, allerdings aus Filmen, in denen Gladiatorenkämpfe im alten Rom dargestellt werden: Unterlegene Gladiatoren wurden seinerzeit mit einem *thumbs down* in den Tod geschickt. Obwohl nur ein Daumen nach oben oder unten gerichtet wird, findet sprachlich der Plural Verwendung. Unser »Vogel zeigen«, also das intensive Tippen des Zeigefingers an die Schläfe, bedeutet in den USA das Gegenteil, nämlich »Ganz schön schlau!«.

RIESENRAD UND PIZZA

Das erste Riesenrad der Welt wurde 1893 von seinem Erfinder George Ferris auf der Weltausstellung in Chicago errichtet. Es war 80 Meter hoch. Das Riesenrad, das gegenwärtig auf dem *Navy Pier* steht, ist jedoch »nur« 60 Meter hoch. Bei den Amerikanern heißt Riesenrad übrigens auch heute noch *Ferris wheel*.

Die *Chicago Style Pizza* mit extradickem Boden und Unmengen Tomatensoße und Käse, die Torsten und Susanne verzehrten, wurde 1943 in Chicago erfunden. Am Rande ist diese Pizza bis zu sieben Zentimeter hoch.

16 PINKELN VERBOTEN!

2. AUGUST, CHICAGO, ILLINOIS

Susanne | Gestern Abend sind wir ein wenig umhergestreift und in der Nähe vom *Lincoln Square* auf eine deutsche Gaststätte gestoßen. *Chicago Brauhaus* stand draußen in großen Buchstaben dran. Das Ganze sah mächtig bayerisch aus. Wir schauten gleich mal auf die Speisekarte, die neben der Tür angebracht war. Da gab es alles, von Sauerbraten über Rindsroulade bis zum Wiener Schnitzel. Torsten wollte unbedingt rein – ich nicht.

»Jetzt sind wir in Amerika und du willst deutsches Essen«, hielt ich ihn zurück. »Klar doch, endlich mal wieder was Vernünftiges zwischen den Zähnen!« Er ließ sich nicht aufhalten. Im Eingangsbereich hing ein Karel-Gott-Poster, im Saal tanzten alte Leute zu Volksmusik. »Hier kriegst du mich nicht rein.« Ich drehte auf der Stelle um und machte mich auf die Suche nach einer anderen Gaststätte. Torsten kam maulend hinterher. Wir fanden auch schnell ein Restaurant mit einem schönen Freisitz. Das Essen war gut, aber Torsten musste unbedingt seinen Kummer über das verpasste Schnitzel mit einigen deutschen Bieren betäuben. »Wenn ich schon kein deutsches Essen haben kann, dann wenigstens deutsches Bier.« Irgendwas in der Richtung murmelte er mehrmals vor sich hin.

Die Rechnung war dementsprechend gepfeffert. Wenn das so weiter geht, wird er noch unser ganzes Urlaubsgeld vertrinken! Auf dem Nachhauseweg musste Torsten dann unbedingt pinkeln – und wie er das so gewohnt war, erledigte er das an dem erstbesten Baum. Da es dunkel und weit und breit kein Mensch zu sehen war, machten wir uns weiter keine Gedanken – bis plötzlich Fahrradbremsen hinter uns quietschen und ein mürrischer Polizist Torsten anherrschte. Keine Ahnung, wo der auf einmal herkam und was er sagte, alles was ich verstand war das Wort *public*. Er verlangte Torstens Ausweis und schrieb dann einen Strafzettel in Höhe von 110 Dollar aus, die wir gleich in bar bezahlen mussten. Torsten war den Rest des Abends superschlecht gelaunt und schimpfte bloß über die USA, von wegen Land der unbegrenzten Freiheit, in dem man nicht einmal an einen Baum pinkeln könne.

Was ist diesmal schiefgelaufen?

Urinieren in der Öffentlichkeit *(public urination)* ist ein Vergehen, das vielerorts mit einer erheblichen Geldstrafe geahndet wird. So muss man in Chicago zwischen 100 und 1.000 Dollar Strafe zahlen, je nachdem wo man pinkelt. Man sollte daher die Leistungsfähigkeit der eigenen Blase gut einschätzen können und vor Verlassen einer Kneipe oder eines Restaurants lieber noch einmal aufs Klo gehen. Wenn man mit dem Auto unterwegs ist, sollte man ebenfalls nicht einfach anhalten und am Straßenrand pinkeln, sondern ein Fast-Food-Restaurant wie *McDonald's* oder *Burger King* aufsuchen, die leicht zugängliche Toiletten haben und wo man nicht unbedingt etwas kaufen muss. Tankstellen und Cafés haben dagegen nicht immer Toiletten oder behalten diese zahlenden Kunden vor. Allerdings könnte man in diesem Fall einfach etwas Kleines, z. B. ein Getränk, kaufen.

Ein wichtiger Hinweis für alle, die nicht nur zwecks Urlaub oder zu Besuch in die USA reisen, sondern beabsichtigen, eine längere Zeit oder für immer dort zu leben: Wer beim Pinkeln in der Öffentlichkeit gestellt wird, riskiert in einigen Bundesstaaten, als Sexualstraftäter registriert zu werden, weil mit dem Urinieren ja auch ein gewisses Entblößen verbunden ist. Das kann zur Folge haben, dass Ihnen viele Berufstätigkeiten verwehrt bleiben, insbesondere wenn es um den Umgang mit Kindern geht. Außerdem lassen sich die Datenbanken mit den Namen und Adressen von Sexualstraftätern per Internet einsehen, sodass z. B. die Eltern der Schulfreunde Ihrer Kinder ihnen den Umgang mit Ihnen verbieten könnten oder die Nachbarn nichts mit Ihnen zu tun haben wollen.

WINDY CITY

In Amerika hat Chicago den Beinamen *Windy City*. Allgemein wird heutzutage angenommen, dass die Stadt so genannt wird, weil es dort sehr windig ist. Chicago liegt immerhin am Ufer des Michigansees und der Wind bläst oft vom Wasser her durch die Häuserschluchten im Stadtzentrum. Die Windgeschwindigkeit in Chicago beträgt allerdings durchschnittlich nur 16,6 km/h. Im Vergleich dazu ist es in Boston (20 km/h) wesentlich windiger und ungefähr gleich windig in New York (15 km/h).

Es gibt daher noch eine andere Erklärung für die Herkunft des Namens: die Rivalität mit Cincinnati. Die Stadt in Ohio war Mitte des 19. Jahrhunderts als Zentrum der Fleischverarbeitung bekannt und nannte sich stolz *Porkopolis*, was eine Kombination aus den Worten *pork* (Schweinefleisch) und Metropolis war. Anfang der 1860er-Jahre begann Chicago jedoch, Cincinnati auf diesem Gebiet zu überholen und beanspruchte den Namen für sich. Die Zeitungen in Cincinnati nannten Chicago daraufhin *Windy City*, im Sinne von »aufgeblasene Stadt«.

17 SCHÜSSE IM KAUFHAUS

2. AUGUST, CHICAGO, ILLINOIS

Susanne | Jetzt aber zu unseren heutigen Erlebnissen. Obwohl er Shoppen hasst, hatte Torsten mir versprochen, dass wir den Tag mit einem Einkaufsbummel verbringen würden, denn im Stadtzentrum reihte sich ein tolles Geschäft an das andere.

Torsten wollte gleich zu den Läden von *Nike* und *Levi's* in der Michigan Avenue, weil er im Internet gelesen hatte, dass es dort echte Schnäppchen gebe, und deswegen maulte er, dass ich meinen Bummel in der State Street beginnen und erst am Nachmittag auf die andere Seite des Flusses zur Michigan Avenue wollte. Wenn ich dann mal irgendwo etwas länger stöberte, ging er nach draußen und wartete vor dem Laden, weil er das Straßengeschehen »weniger langweilig« fand, wie er meinte. Das war mir auch ganz recht, denn seine Grimassen, wenn ich mir mal verschiedene Kleidungsstücke genauer ansah, nervten echt.

Als wir dann aber durch Zufall den Anfang der *Route 66* entdeckten, war er doch froh, dass wir unseren Bummel hier angefangen hatten, und ich musste gleich ein paar Fotos mit ihm vor dem *Route-66*-Schild machen. Auf der anderen Straßenseite sahen wir dann auch noch diese riesige Bohne aus Edelstahl, die auf dem Umschlag unseres Reiseführers abgebildet war und in der sich der

Himmel und die Wolkenkratzer spiegelten. Da sind wir dann auch hin und haben noch mehr Fotos gemacht. Es gab dort einen schönen Park, in dem wir uns einen Moment ausruhen konnten, denn die Menschenmassen im Stadtzentrum sind doch anstrengend. Und weil es auch Toiletten gab, musste Torsten nicht wieder an einen Baum pinkeln. Aber dann sind wir trotzdem an die Polizei geraten!

Als wir nämlich den Rand der Parkanlage erreichten, stand vor einem riesigen Wolkenkratzer ein Fahrzeug mit der Aufschrift *Flying Tacos.* Zwischen uns und dem mexikanischen Imbisswagen befand sich eine breite Straße, die einen enormen Mittelstreifen hatte. Natürlich war Torsten hungrig, und da der Fußgängerüberweg circa hundert Meter entfernt war, meinte er, dass wir die Straße einfach an Ort und Stelle überqueren sollten, zumal wir gesehen hatten, dass andere Leute vor uns das auch machten. Ich hatte kein gutes Gefühl dabei, aber Torsten lief einfach los. Wenn es ums Essen geht, ist er einfach nicht zu halten. Bis zum Mittelstreifen ging auch alles gut, da es hier wirklich kaum Verkehr gab. Als wir dann aber am Rand der anderen Spur standen und das leckere Essen schon riechen konnten, kam plötzlich ein Polizeiauto um die Ecke gebogen und hielt direkt vor uns. Der Polizist ließ das Fenster herunter und fragte: »*Where do you think you're going?*« Mir war das super peinlich, und Torsten sagte dann auch noch: »*We want to eat.*« Der Polizist stutzte einen Moment und deutete dann auf den Fußgängerüberweg mit Ampel. Artig machten wir uns auf den Weg. Der Polizist fuhr langsam weiter und beobachtete uns im Rückspiegel. Als wir fast bei der Ampel waren, beschleunigte er endlich und fuhr davon.

Die Ampel war für Fußgänger auf Rot gestellt, aber wie wir schon in Ann Arbor gesehen hatten, scherte die Leute das kaum, und die meisten von ihnen überquerten einfach die Straße, nachdem ein paar Autos vorbei gefahren waren. »Und da sagt keiner was!«, schimpfte Torsten und war schon drauf und dran, es genauso zu machen. Aber ich hielt ihn noch einen Moment zurück und dann durften wir ganz legal über die Straße.

Torsten | Na, das ist doch wirklich nicht gerecht. Die Amis laufen über die Straße, wie sie wollen, und ausgerechnet uns hält der Bulle an. Aber die Tacos von dem Imbisswagen waren echt preiswert und gut, und so ließen wir uns die Laune nicht verderben.

Als wir dann über die Brücke in der Michigan Avenue liefen, sahen wir, dass es eine Promenade gab, die unten am Fluss entlangführte und sich *Chicago Riverwalk* nannte. Da sind wir ein wenig spazieren gegangen und haben auch Kaffee getrunken. Dabei sind uns Boote aufgefallen, auf denen viele Touristen saßen und sich die Wolkenkratzer am Ufer erklären ließen. Als wir in Richtung Michigan Avenue gingen, sahen wir die Anlegestelle und das Schild *Chicago Architecture Tour*. Wir zögerten eine Weile, denn der Preis war auch hier so richtig heftig: 47 Dollar pro Person. Aber besser als Shoppen war das allemal, dachte ich mir, und die Bootsfahrt war wirklich super, obwohl wir nicht alles verstanden, was die Frau am Mikrofon so sagte. Aber die Sicht vom Fluss aus war doch mal was anderes, und die eineinhalb Stunden vergingen wie im Fluge. Und Bier gab es auch auf dem Boot.

Bei *Nike* habe ich nichts gekauft, die Verkäufer da waren echt nervig. Ständig fragten die uns, ob sie uns helfen könnten. Bei *Levi's* habe ich aber zugeschlagen, die hatten jede Menge Sachen zu klasse Preisen. Die meisten Kunden im Laden waren Deutsche, glaube ich. Eigentlich wollte ich nun zurück ins Hotel, aber Susanne wollte noch in ein Kaufhaus, um ein Geschenk für Sarah zu kaufen. Das Kaufhaus war bei dem alten Wasserturm, von dem ich gelesen hatte, dass er eines von ganz wenigen Bauwerken war, die den großen Stadtbrand von 1871 überstanden hatten.

Wir waren nur ein paar Schritte entfernt, und plötzlich schien alles wie im Film zu sein. Aus allen Richtungen rasten Polizeiautos mit Sirenengeheul heran und hielten vor dem Kaufhaus, in das wir gerade wollten. Für den Bruchteil einer Sekunde dachte ich schon, dass wir wieder etwas falsch gemacht hatten. Aber die Polizisten rannten mit gezogenen Pistolen an uns vorbei in das Gebäude. Was da wohl los war? Ringsum blieben viele Leute neugierig stehen.

Andere gingen einfach weiter, als sei das nichts Besonderes. Na, die haben Nerven! Die Polizisten ließen niemanden mehr hinein und begannen, das Kaufhaus zu evakuieren. Damit hatte sich das Shoppen für uns erledigt, und ich kann nicht behaupten, dass ich deswegen besonders traurig war. Wir hätten jetzt eigentlich gehen können, aber ich wollte schon genauer wissen, was hier los war. Sowas erlebt man schließlich nicht alle Tage. Zwei Frauen, die aus der Tür kamen, sprachen aufgeregt Deutsch miteinander, und ich fragte sie kurzerhand, ob sie wüssten, was passiert sei. »Jemand hat gesagt, dass da ein Schuss gefallen ist«, antwortete die eine. Die andere fügte hinzu: »Ich glaube, ich hab das gehört.« Ihre Freundin meinte aber, dass sie nichts gehört hatte.

Susanne bestand darauf, dass wir sofort gingen, da sie befürchtete, es könnte noch mehr passieren. Mir war es recht, aber so viele Polizeiautos, das war schon was. Und dann kreisten da auch noch zwei Hubschrauber über uns.

Im Hotel haben wir gleich die Nachrichten eingeschaltet, und die zeigten dann auch Live-Aufnahmen aus der Luft. Soweit ich verstanden habe, gab es wohl einen Streit zwischen Jugendlichen, und einer hat eine Pistole gezogen und in die Luft geschossen. Tote oder Verletzte gab es zum Glück keine. Aber das muss man sich mal vorstellen, dass in einem Kaufhaus einfach einer zu schießen anfängt!

Was ist diesmal schiefgelaufen?

Respekt vor der Fußgängerampel ist den Amerikanern weitgehend fremd. Wenn kein Auto kommt, wird über die Straße gegangen, ganz gleich, was die Ampel anzeigt. Dieses illegale Überqueren der Straße wird *jaywalking* genannt und wird von Menschen aller Altersgruppen ohne Gewissensbisse oder Ermahnungen praktiziert. Eine Ausnahme bilden Eltern, die mit ihren kleinen Kindern unterwegs sind und natürlich kein schlechtes Beispiel abgeben wollen. Und wenn sich gerade ein Polizist in der Nähe befindet, ist man ebenfalls gut beraten, sich an die offiziellen Regeln zu halten.

Das Wort *jaywalking* entstand um 1910. Das Wort *jay* bedeutete seinerzeit so viel wie »Dorftrottel«. Stadtbewohner meinten, dass nur eine solche Person ahnungslos über die Straße gehen würde. Eine Gegenbewegung, trottelige Autofahrer *jay drivers* zu nennen, schlug allerdings fehl. Leider, denn als Fußgänger sollte man selbst beim gesetzmäßigen Überqueren der Straße auf der Hut vor abbiegenden Autos sein. Nicht selten hat man den Eindruck, dass amerikanische Autofahrer noch immer nicht begreifen, dass auch Fußgänger Rechte haben.

DIE RENAISSANCE DER FOOD TRUCKS

Während der großen Wirtschaftskrise von 2007 bis 2009 schlossen viele Restaurants in den USA, und zahlreiche Köche verloren ihre Arbeit. Zugleich lag die Bauwirtschaft am Boden, und viele rollende Imbissstände, die Bauarbeiter zu Mittag mit einfachen Speisen versorgten, standen ungenutzt herum.

Arbeitslose Köche machten sich daraufhin zunehmend selbständig, indem sie derartige Trucks preiswert kauften und ihre auf Restaurantniveau stehenden Speisen aus dem Fenster eines solchen Fahrzeuges heraus vor Bürogebäuden zu verkaufen begannen. Die Namen der besonders guten *gourmet food trucks* sprachen sich herum, und über Twitter oder Facebook ließ sich in Erfahrung bringen, wo man die Trucks, die oft ihren Standort wechselten, finden konnte. Begonnen hat diese Renaissance in den Großstädten an der Ost- und Westküste, und sie hat sich dann über das ganze Land ausgebreitet.

Renaissance deshalb, weil das Ganze eigentlich nichts Neues ist, denn den ersten *food truck*, der damals noch von Pferden gezogen wurde, gab es bereits 1872 in Providence, Rhode Island, und ab 1887 wurden motorisierte *food trucks*, die damals noch *lunch wagons* hießen, in Serie gebaut. Auch damals schon hielten sie vor Bürogebäuden.

Vom Diner verdrängt, dienten die rollenden Kantinen im 20. Jahrhundert fast ausschließlich der Versorgung von Arbeitern direkt vor Fabriktoren und Baustellen. Jetzt aber haben sie ihren Weg wieder in die Innenstädte gefunden und werden mitunter auch für Sportereignisse, Freiluftkonzerte und andere Veranstaltungen genutzt.

In den USA machen *food trucks* gegenwärtig mehr als eine Milliarde Dollar Umsatz im Jahr. Nicht schlecht für einen Gewerbezweig, der eigentlich aus der Not heraus wiederbelebt wurde.

Richtiges Verhalten in *active shooter situations*

Regelmäßig taucht in den Nachrichten die Meldung auf, dass in den USA wieder jemand wild um sich geschossen und mehrere Menschen getötet hat, an einer Schule oder Uni, am Arbeitsplatz, im Kino. In Amerika wird eine solche Schießerei, wenn sie gerade im Gange ist, als *active shooter situation* bezeichnet, und Experten haben Verhaltensregeln erarbeitet, wie man diese am besten überlebt. Auch wenn die Chancen extrem gering sind, dass Sie jemals mit einem derartigen Vorfall konfrontiert werden, hier die wichtigsten Tipps:

1. Wenn irgendwie möglich, laufen Sie weg, sobald Sie Schüsse hören. Das ist in den meisten Situationen wesentlich effektiver, als sich zu verstecken. Auf keinen Fall sollten Sie vor Angst erstarren. Lassen Sie alles stehen und liegen, z. B. Gepäck oder Computer. Rennen Sie zum nächsten Ausgang. Falls die Schüsse im freien Gelände fallen, sollten Sie im Zickzack laufen. Nur wenige Täter sind als Schützen ausreichend geübt, um bewegte Ziele zu treffen.

2. Falls Sie in einem Gebäude sind und der Täter den Weg zum Ausgang versperrt, bleibt Ihnen nichts anderes übrig, als sich zu verstecken. Idealerweise finden Sie einen Raum, dessen Tür sich verschließen oder durch Möbelstücke blockieren lässt. Der Tä-

ter wird kaum Zeit mit der Anstrengung verschwenden, in den Raum zu gelangen. Trotzdem sollten Sie sich still verhalten.

3. Falls Weglaufen oder Verstecken nicht möglich sind, sollten Sie den Täter angreifen, statt ihn anzuflehen. Die meisten Täter erschießen wehrlose Opfer und rechnen in der Regel nicht mit dem Widerstand unbewaffneter Menschen. Insbesondere wenn Sie den Täter von hinten oder von der Seite her angreifen können, stehen Ihre Chancen nicht schlecht, ihn zu überraschen und zu überwältigen. Falls Sie mit mehreren Leuten von verschiedenen Seiten her attackieren, umso besser. Nutzen Sie improvisierte Waffen: Feuerlöscher, Gürtel, Stühle.

Nach Untersuchungen des FBI dauern die meisten *active shooter situations* weniger als zwei Minuten. Diese Zeit gilt es, durch eine der oben angeführten Methoden zu überleben.

18 DOLLARMÜNZEN UND NASENBLUTEN

3. AUGUST, CHICAGO, ILLINOIS

Susanne | Nachdem uns sein blödes Pinkeln vorgestern mehr als hundert Dollar gekostet hatte, konnte Torsten heute nicht groß rummaulen, als der Eintritt für das *Art Institute of Chicago* 25 Dollar pro Person betrug. Obwohl schon das *Detroit Institute of Arts* ein tolles Museum war, so ist doch das *Art Institute of Chicago* noch eine Nummer größer. Das kann man sich gar nicht alles an einem Tag anschauen. Da gibt es aus jeder Kunstperiode und von jedem Kontinent etwas.

Ich wollte mir unbedingt die indianische Kunst ansehen – wenn wir schon mal hier sind. Da gab es hauptsächlich Töpferei und Skulpturen sowie Kleidungsstücke und Decken. Das hat Torsten auch einigermaßen interessiert, denn er hat früher viel Karl May gelesen. Bei der modernen amerikanischen Malerei, zu der wir als nächstes gingen, fing er dann aber schon mit dem Nörgeln an. Von wegen schönes Wetter und wir sind bloß drinnen und so. Da hab ich ihm ganz klar gesagt, dass er ja was anderes machen kann und wir uns dann um vier unten an der Garderobe treffen, wo wir unser Gepäck gelassen hatten, damit wir von hier direkt zum Bahnhof gehen können. (Aus unserem Hotelzimmer mussten wir vor elf Uhr raus sein.) Das haben wir schließlich auch so gemacht – und ich hatte ein paar schöne Stunden in diesem einmaligen Museum.

Torsten | Susanne und ihre Museen! Wenn's regnet, kann ich das ja verstehen – und im Winter auch. Aber wir sind hier in Chicago, es ist Sommer, und die Sonne scheint. Ich bin also raus und habe mir an der nächsten Ecke erst einmal ein Eis gekauft – diesmal hat auch keiner gelacht, das Eis war abgepackt. Dann fiel mir ein, dass wir ja eigentlich noch Ansichtskarten und Briefmarken brauchten, um den Daheimgebliebenen unsere Urlaubsgrüße zu schicken. Die Ansichtskarten waren kein Problem, und zum Glück waren wir auf dem Weg zum Museum auch an einem Postamt vorbei gekommen, zu dem ich schnell zurückgelaufen bin.

An einem Aushang entdeckte ich auch gleich das Luftpost-Porto für Postkarten, dafür standen am Schalter allerdings mindestens 20 Leute an. So wollte ich meine kostbare Zeit in Chicago aber nicht verbringen, da hätte ich auch gleich im Museum bleiben können! Ich ließ meinen Blick durch das Postamt schweifen und sah, wie ein Mann an einem Automaten Briefmarken kaufte. Super!

Ich kam mit dem Automaten auch ganz gut zurecht und wählte die passenden Briefmarken aus. Der Automat wollte am Ende 5,75 Dollar von mir haben – ich gab ihm einen 20-Dollar-Schein und nun begann es im Wechselgeldfach kräftig zu klimpern. Dort lagen am Ende vierzehn goldene Münzen mit der Aufschrift *One Dollar*. Ich wusste gar nicht, dass es die gab, weil ich bisher nur 1-Dollar-Scheine gesehen hatte, an die man sich ja auch erst einmal gewöhnen musste. Egal, ich steckte mir die Münzen in die Hosentasche und zog los, um eine Parkbank zu finden, wo ich mich entspannen und die Postkarten schreiben konnte. Unweit des Museums, in dem sich Susanne gerade der Kunst hingab, war ein riesiger Park mit einem schönen Springbrunnen, der mir irgendwie bekannt vorkam.

In einem spontanen Anflug von Aberglauben begab ich mich zu dem Brunnen, um eine der gerade vom Automaten erhaltenen Dollarmünzen in Hoffnung auf bald nahendes Glück zu versenken.

Ich zögerte kurz und überlegte, ob ich wirklich einen ganzen Dollar in den Brunnen werfen sollte, entschied dann aber, dass mir mein Glück doch so viel wert sein sollte. Als ich mich anschließend auf eine der Bänke setze, um einen Blick in den Reiseführer zu werfen und herauszufinden, warum mir der Springbrunnen so bekannt vorkam, tropfte plötzlich Blut auf das Buch in meinen Händen. Verdammt, ich hatte Nasenbluten!

Das kam bei mir alle paar Monate vor und war auch nicht weiter schlimm. Da ich aber kein Taschentuch dabei hatte, war es trotzdem denkbar unpassend. Ich legte den Kopf zurück und befeuchtete den Nacken mit kaltem Wasser aus dem Springbrunnen. Eine Frau mittleren Alters, die auf einem Fahrrad vorbei kam, hielt an und fragte besorgt, ob ich Hilfe bräuchte. Dies war nicht nur sehr nett, sondern auch meine Rettung. *»Do you have a paper handkerchief?«*, fragte ich sie mit Blick in den Himmel. *»Let me see if I have a tissue ... are you from England?«*, erwiderte die Frau, während sie begann, in ihrem Rucksack zu wühlen. Ich hätte beinahe genickt, so stolz war ich auf mein Englisch, aber mit der blutenden Nase ging das schlecht. Sie fand tatsächlich ein halbes Küchentuch und reichte es mir. Im Geiste hatte ich gerade die Idee für eine neue Fernsehwerbung, welche die Saugkraft des Papiertuches betonte.

»I don't know why I know this!«, sagte ich, um ihr die Hilfsbereitschaft mit einer kleinen Konversation zu danken, und deutete auf den Springbrunnen. *»Probably from TV«*, erwiderte die Dame. *»Al Bundy!«*, schoss es im gleichen Moment aus mir heraus. Die Frau nickte und verabschiedete sich.

Als Susanne aus dem Museum kam, sah sie mich erschrocken an und fragte, ob ich mich geprügelt hätte. »Nasenbluten, wie immer«, sagte ich, und sie umarmte mich.

Was ist diesmal schiefgelaufen?

Das altmodische Wort *handkerchief* verwenden die Amerikaner nicht, sie sagen entweder *tissue* oder *Kleenex*, was ein Markenname für Papiertaschentücher und damit vergleichbar mit dem deutschen *Tempo* ist. Den Begriff *paper handkerchief* gibt es gar nicht. Die Frau im Park konnte sich jedoch angesichts des Nasenblutens leicht zusammenreimen, wonach Torsten gefragt hatte.

MARKEN ALS GATTUNGSNAMEN

In Deutschland gehören Begriffe wie *Tempo* und *Tesafilm* so sehr zur Alltagssprache, dass sie über den Markennamen hinaus auch als Gattungsnamen verwendet werden. In den USA ist das genauso: Wattestäbchen werden *Q-tips* genannt, Lippenpflegestift *ChapStick*, Cola *Coke*, Pflaster *Band-Aid*, Klebeband *Scotch tape*, Frischhaltefolie für Lebensmittel *Saran wrap*, wiederverschließbare Plastikbeutel für Sandwiches *Ziploc bags*, Alufolie *Reynolds wrap*, Klettverschlüsse *Velcro*, kurze, eng anliegende Badehosen *Speedo*, Knetmasse für Kinder *Play-Doh*, Müllcontainer *Dumpster*, Klebezettel *Post-it notes*.

Amerikanisches Geld

1-Dollar-Münzen kommen im amerikanischen Alltag wahrscheinlich ebenso selten vor wie das Wort *handkerchief*. Bei der Bevölkerung sind sie, als Sammlerobjekt für Numismatiker und Kinder einmal ausgenommen, nicht gerade sehr beliebt. Die meisten Kassen in den Geschäften haben nicht einmal ein Fach für diese Münzen. Außer als Wechselgeld an Briefmarkenautomaten wird man sie auch so gut wie nie in die Hände bekommen. Noch rarer machen sich übrigens die 2-Dollar-Scheine, die man so selten zu Gesicht bekommt, dass viele Leute glauben, sie befinden sich gar nicht mehr im Umlauf. Wer einen bekommt, der behält ihn meistens, was ihn noch knapper macht. Auch die 50-Cent-Münze bekommt man extrem selten zu Gesicht, denn in der Regel liegt sie ebenfalls nur bei Sammlern in der Schublade.

Da wir schon einmal beim Thema Münzen sind, soll an dieser Stelle auch erwähnt werden, welche Namen das amerikanische Kleingeld im Alltag hat, da Sie diese Wörter bei Ihrem USA-Aufenthalt unter Umständen hören werden: *penny* (1 Cent), *nickel* (5 Cents), *dime* (10 Cents), *quarter* (25 Cents), *half-dollar* (5 Cents).

Wenn Sie einmal Langeweile haben oder irgendwo anstehen, sollten Sie einen Blick auf die Rückseite der Münzen in Ihrer Hand werfen und die anderweitig verschwendete Zeit zu Bildungszwecken nutzen: Auf den neueren 25-Cent-Münzen, also den *quarters*, ist jeweils ein Bundesstaat, sein Motto und das Jahr aufgeführt, in dem er in die USA aufgenommen wurde. Auf den 1-Cent-Münzen, den *pennies*, wurde ab 2009 jeweils eine von vier Stationen aus dem Leben von Abraham Lincoln abgebildet: eine Blockhütte, die Lincolns Kindheit symbolisieren soll; der junge Lincoln, wie er während einer Arbeitspause auf einem Baumstamm sitzt und liest; Lincoln vor dem Capitol von Illinois, wo er, wie Barack Obama, seine politische Karriere als Volksvertreter begann; sowie das halb fertige Capitol in Washington, D. C. zu Lincolns Zeit als Präsident. Und falls Sie einmal Briefmarken am Automaten kaufen gehen, werden Sie auf der Rückseite der 1-Dollar-Münze wahrscheinlich das Antlitz eines ehemaligen Präsidenten sehen.

SIND DIE 1-DOLLAR-MÜNZE UND DER 2-DOLLAR-SCHEIN WIRKLICH SELTEN?

Die Amerikaner mögen ihre 1-Dollar-Scheine und nutzen die 1-Dollar-Münzen, die man hauptsächlich als Wechselgeld an Briefmarkenautomaten bekommt, in der Regel nur widerwillig als Zahlungsmittel. In den Kellern der US-Notenbank liegen daher rund eine Milliarde dieser Münzen ungenutzt herum. Einer Untersuchung des *Government Accountability Office* zufolge könnte der Staat jedoch innerhalb von 30 Jahren rund 5,5 Milliarden Dollar sparen, wenn man alle 1-Dollar-Scheine durch Münzen ersetzen würde, weil die Münzen natürlich viel länger halten.

Den 2-Dollar-Schein, der von 1862 bis 1966 und dann wieder ab 1976 gedruckt wurde, bekommt man nur noch so selten zu Gesicht, dass manche Leute glauben, dass er sich ebenso wie der 500-Dollar-Schein und der 1.000-Dollar-Schein gar nicht mehr im Umlauf befindet. Der Schein mit dem Antlitz von Thomas Jefferson macht auch nur etwa ein Prozent aller Dollarscheine aus und wird nur selten tatsächlich als Zahlungsmittel genutzt, da ihn viele Leute behalten, sobald sie ihn durch Zufall in die Hände bekommen. Dass der 2-Dollar-Schein einen Seltenheitswert hat, täuscht allerdings. Immerhin sind gegenwärtig mehr als 1,2 Milliarden dieser Scheine im Umlauf. Da mit ihnen jedoch nur recht selten bezahlt wird, beträgt ihre Lebensdauer sechs Jahre, während ein 1-Dollar-Schein im Durchschnitt nur 18 Monate überlebt.

19 EINE STIMME UNTERSCHIED

4. AUGUST, ANN ARBOR, MICHIGAN

Torsten | Auf der Rückfahrt von Chicago nach Ann Arbor gestern Abend war der Zug bis auf den letzten Platz gefüllt. Schon als wir den Bahnhof betraten, erblickten wir eine enorme Schlange im Warteraum. Auf Nachfrage erfuhren wir, dass die Leute alle in unseren Zug wollten. Wir reihten uns ein und warteten rund 20 Minuten, bis sich die Menschentraube endlich in Bewegung setzte. Irgendwie fühlte sich das Ganze mehr nach Flughafen als nach Bahnhof an. Allerdings ohne wirkliche Sicherheitsvorkehrungen. Wir mussten lediglich unsere Tickets vorzeigen, bevor wir den »Bahnsteig« betreten durften. Dieser Begriff trifft, wie schon gesagt, eigentlich gar nicht zu, da es sich nur um einen schmalen, dunklen Weg zwischen den Zügen handelt, auf dem wir wieder mehrmals von Bahnangestellten nach unserem Reiseziel gefragt und jedes Mal weiter nach vorne geschickt wurden. Als wir endlich in einen Wagen hineinklettern durften, mussten wir feststellen, dass wir zu spät kamen und keine Zweiersitze mehr frei waren. Der Schaffner befahl jedoch einer allein reisenden Frau, ihren Platz für uns zu räumen und sich zu einer anderen Frau zu setzen. Das war uns schon ein wenig peinlich. Susanne entschuldigte sich bei der Frau, worauf diese beteuerte, dass das überhaupt kein Problem sei.

Am anderen Ende unseres Wagens saß eine Familie von Amischen, also diese deutschen Einwanderer, die immer noch wie vor 200 Jahren leben, ohne elektrische Geräte und Autos und so. Die ganze Familie war auch dementsprechend altmodisch gekleidet, die Männer hatten durchweg eine Art Topfschnitt-Frisur und einen Bart. Sie trugen schwarze Hosen mit breiten Hosenträgern und hellblaue Hemden. Die Frauen hatten alle einen Zopf und lange Kleider. Die Kinder warfen neugierige Blicke auf die Computer und Smartphones der anderen Fahrgäste. Soweit ich weiß, sprechen die Amischen untereinander Deutsch, und ich habe versucht, ein deutsches Wort aufzuschnappen, als ich auf dem Weg zum Imbisswagen an ihnen vorbei ging. Die Kinder saßen aber leider nur still da und die Eltern flüsterten miteinander. Ich hatte auch daran gedacht, sie auf Deutsch anzusprechen, habe das aber dann doch gelassen, weil ich auf die Schnelle gar nicht wusste, was ich sagen sollte. Interessant ist es aber schon, wenn man sich vorstellt, dass es noch Landstriche in den USA gibt, wo hauptsächlich Deutsch gesprochen wird.

»Wenn man bedenkt, dass Deutsch beinahe die offizielle Sprache der USA geworden wäre«, sagte ich zu Susanne, als ich vom Imbisswagen zurückkam, »dann würden Bob Dylan und Bruce Springsteen heute deutsch singen.« Susanne wollte gerade etwas über Herbert Grönemeyer sagen, als sich ein Fahrgast, der auf der anderen Seite des Ganges saß, in unser Gespräch einmischte. »Ich glaube, Sie irren sich«, korrigierte uns der Herr in makellosem Deutsch. »Ach ja?«, erwiderte ich. »Ja, das ist nur eine Legende, diese Abstimmung hat es nie gegeben. Außerdem haben die USA auch überhaupt keine Amtssprache.«

›So ein Quatsch‹, dachte ich. »Sie wollen mir doch nicht weismachen, dass Englisch nicht die Amtssprache der USA ist?« Der Herr nickte: »Ja, das ist kaum zu glauben, stimmt aber! Einige Leute, die sich gegen Einwanderer aus Lateinamerika stark machen, wollen dies auch ändern, weil sie Angst haben, dass hier in einigen Jahren alle Spanisch sprechen.« Er lachte.

Später stellte sich heraus, dass der Herr ein pensionierter Deutschlehrer aus Ann Arbor war, der seine Tochter in Chicago besucht hatte. Er erzählte uns, dass seine Großeltern eine Farm in South Dakota hatten und dass dort damals, kurz vor dem Ersten Weltkrieg, noch viele Leute Deutsch sprachen. Als der Krieg losging, wurden jedoch alle deutschen Bücher aus den Bibliotheken entfernt und den Farmern, die weiterhin Deutsch sprachen, brannte man die Scheunen nieder. Während des Zweiten Weltkrieges schließlich wurden Tausende Deutsche in den USA in Internierungslager gesteckt.

»Die beiden Weltkriege haben die deutsche Kultur in Amerika zerstört«, meinte er. »Ohne die Kriege würden hier vielleicht heute noch viele Leute Deutsch sprechen.« Mit Blick auf die Amischen am anderen Ende des Wagens gerichtet, ergänzte er: »Bei denen ist es bestimmt auch nur eine Frage der Zeit, bis ihnen die deutsche Sprache verloren geht.«

Als wir in den Bahnhof von Ann Arbor einfuhren, gab uns der Herr seine Visitenkarte und sagte, dass wir ihn besuchen sollen, bevor wir nach Deutschland zurückfliegen. Als ich seinen Namen auf der Karte sah, hätte ich beinahe gelacht: Thomas H. Mann. Also fast so, wie der Schriftsteller. Susanne spekulierte später, dass das H. vielleicht Heinrich bedeutete und dass die Eltern des netten Herrn wahrscheinlich einen merkwürdigen Sinn für Humor hatten.

Was ist diesmal schiefgelaufen?

Thomas Mann hatte recht: Dass Deutsch beinahe die offizielle Sprache der USA geworden wäre, stimmt tatsächlich nicht. Diese weitverbreitete Annahme wird immer wieder mit Hinweis auf eine Abstimmung im US-Kongress geäußert, wonach die deutsche Sprache angeblich mit einer Stimme Unterschied der englischen Sprache unterlag. Diese Abstimmung gab es aber so nicht. Vielmehr wurde im Kongress am 13. Januar 1795 ein Gesetzesvorschlag eingebracht, der lediglich vorsah, alle Bundesgesetze auch auf Deutsch zu drucken, damit die vielen deutschen Einwanderer, die noch nicht richtig Englisch gelernt hatten, diese ohne Weiteres lesen konnten. Während der Debatte gab es (wohl aus Zeitgründen) den Antrag, die Angelegenheit zu einem späteren Zeitpunkt weiter zu diskutieren. Dieser Vorschlag unterlag jedoch mit einer Stimme. Damit war die Debatte zu diesem Thema beendet. Einen Monat später wurde der Gesetzesentwurf dann in der eigentlichen Abstimmung endgültig abgewiesen.

Die Eine-Stimme-Unterschied-Legende baut also auf der oben genannten Abstimmung zur weiteren Behandlung des Themas auf. Besonders die zahlreichen deutschen Einwanderer, die sich sprachlich benachteiligt sahen, haben die Angelegenheit dann später aufgebauscht und die Geschichte ein wenig anders wiedergegeben.

Bemerkenswert ist aber, dass das amerikanische Volk die Unabhängigkeitserklärung zuerst in deutscher Sprache lesen konnte. Am 4. Juli 1776 unterschrieb John Hancock, Präsident des in Philadelphia tagenden Kontinentalkongresses, die *Declaration of Independence*. Am 5. Juli war die deutschsprachige Zeitung *Pennsylvanischer Staatsbote* die erste amerikanische Zeitung, die davon berichtete. Auch der erste Abdruck der Erklärung für die Bevölkerung erfolgte auf Deutsch, denn obwohl John Dunlap die englische Originalfassung der Unabhängigkeitserklärung am Abend des 4. Juli für die Teilnehmer des Kongresses druckte, war der deutschsprachige Druck von Steiner und Cist am 5. oder 6. Juli in Philadelphia der erste Abdruck für die Bevölkerung. Die Zeitung *Pennsylvania Evening Post* veröffentlichte den englischen Originaltext erst später am 6. Juli, da es sich um eine Abendzeitung handelte.

Obwohl die USA bis heute keine offizielle Landessprache haben, nimmt Englisch in der Praxis zweifellos diese Rolle ein. In 27 Bundesstaaten wurde es mittlerweile zur Amtssprache erklärt. Einige Bundesstaaten veröffentlichen aber offizielle Dokumente zusätzlich zum Englischen noch in einer weiteren Sprache, nämlich Hawaii auf Hawaiisch, Louisiana auf Französisch und New Mexico auf Spanisch. In Arizona müssen Wahldokumente im Gebiet der Navajo-Indianer in deren Sprache veröffentlicht werden. In den anderen Indianerreservaten werden die jeweiligen Sprachen in den meisten Fällen ebenfalls mehr oder weniger offiziell gebraucht.

Sprachenvielfalt in den USA

In den USA werden mehr als 350 Sprachen gesprochen, von denen 151 auf die Ureinwohner des Gebietes der heutigen USA entfallen. *Navaho* ist die am meisten gesprochene indianische Sprache mit mehr als 160.000 Muttersprachlern in Arizona, New Mexico und Utah. 20.000 Menschen in Alaska sprechen *Yupik*. *Dakota* wird von 18.000 Menschen in North Dakota und South Dakota gesprochen. *Apache* wird noch von 13.000 Menschen als Muttersprache verwendet, vor allem in Arizona und New Mexico. Viele der Sprachen sind, wie 52 Indianersprachen vor ihnen, vom Aussterben bedroht, denn in den USA dominieren seit Langem die Sprachen der Einwanderer.

Laut *American Community Survey* aus dem Jahr 2016 sprachen 235,5 Millionen Menschen, die älter als fünf Jahre alt waren, Englisch als Muttersprache, 39 Millionen Spanisch, 3,2 Millionen Chinesisch, 2 Millionen Französisch bzw. Französisch-Kreolisch, 1,7 Millionen Tagalog, 1,5 Millionen Vietnamesisch, 1,1 Millionen Koreanisch, 1,1 Millionen Arabisch, 964.000 Deutsch, 900.000 Russisch, 738.000 Hindi, 699.000 Portugiesisch, 635.000 Italienisch, 541.000 Polnisch, 453.000 Japanisch, 449.000 Urdu, 411.000 Persisch, 395.000 Gujarati und 322.000 Telugu.

Berechnungen sagen übrigens voraus, dass im Jahr 2050 mehr als 140 Millionen *Hispanics* in den USA leben werden. Damit wird beinahe ein Drittel der amerikanischen Bevölkerung Spanisch als Muttersprache sprechen. Schon jetzt werden Formulare zunehmend zweisprachig gedruckt, und wenn man bei einer Bank anruft oder Geld am Automaten abhebt, hat man meistens die Wahl zwischen Englisch und Spanisch. Die Zahl der Zeitschriften, Radio- und Fernsehsender in spanischer Sprache nimmt ebenfalls stark zu.

Hin und wieder kann man auch in den englischsprachigen Medien Werbung auf Spanisch sehen. In amerikanischen Baumärkten wie Home Depot und Lowe's ist grundsätzlich alles auf Englisch und Spanisch ausgeschildert, was sicher auch damit zu tun hat, dass viele Handwerker Spanisch sprechen.

DIE AMISCHE SPRACHE: PENNSILFAANISCH DEITSCH

Wer einmal Gelegenheit hat, einem Gespräch von Amischen oder Mennoniten zuzuhören, z.B. während einer Zugfahrt, wird wahrscheinlich kaum etwas verstehen. Am ehesten wird man wohl einige der vielen englischen Lehnwörter heraushören, z.B. wenn jemand sagt »ich hab gefarmt«. Ein Gespräch ist schwierig, da nur wenige Amische und Mennoniten Hochdeutsch beherrschen und stattdessen Pennsilfaanisch Deitsch (englisch: *Pennsylvania Dutch*) sprechen.

Die meisten der mehr als 350.000 Sprecher leben in Pennsylvania, Ohio und Indiana. Aber auch in 25 anderen Bundesstaaten kann man die auf pfälzischen Dialekten aufbauende amische Sprache hören. Im Gegensatz zu einigen Regionalsprachen in Deutschland ist diese Sprache nicht vom Aussterben bedroht, da die Amischen viele Kinder haben und zudem nicht unter dem Einfluss elektronischer Massenmedien stehen.

Die Amischen haben eine lange Geschichte in Amerika. Sie spalteten sich unter der Führung von Jacob Ammann ab 1693 in der Schweiz und in Süddeutschland von den Mennoniten ab, und ihre Auswanderung nach Amerika war bereits um 1770 abgeschlossen. Viele der Mennoniten siedelten dagegen erst in Russland und wanderten in der zweiten Hälfte des 19. Jahrhunderts dann ebenfalls nach Amerika aus.

Viele Amische betreiben Landwirtschaft mit Pferden und verzichten je nach Gruppierung auf Auto, Telefon und Fernsehen, erzeugen aber mitunter eigenen elektrischen Strom, z.B. mit Solarzellen. Ihre

Kleidung ist einfach gehalten. Konservative Mennoniten und Amische weisen in der Lebensweise viele Gemeinsamkeiten auf und werden von Außenstehenden leicht verwechselt. In der Regel sind Mennoniten allerdings der modernen Technik weniger abgewandt und nutzen Autos und Traktoren sowie das Stromnetz.

Übrigens: Sowohl »Amische« als auch der englische Begriff »Amish« werden mit einem langen deutschen »A« ausgesprochen.

20 RECHTSABBIEGEN BEI ROT

4. AUGUST, ANN ARBOR, MICHIGAN

Susanne | Wir haben vorhin den Mietwagen abgeholt und wurden dann innerhalb von 30 Minuten gleich zweimal von der Polizei angehalten! Warum bestand Torsten auch darauf, dass ich erst einmal fahren sollte ... Nur damit er dann später auf der Autobahn fahren dürfe. Vielleicht hat er ja mehr Glück mit den amerikanischen Verkehrsregeln – die verstehe doch, wer will!

Zum Beispiel was das Rechtsabbiegen bei Rot betrifft: Gleich bei der Autovermietung standen wir an einer Ampel und von links kam keiner. Aber da ich nicht wusste, ob wir bei Rot abbiegen durften, hatte ich vorsichtshalber erst einmal gewartet. Mein Hintermann fing natürlich gleich an zu hupen – damit war die Entscheidung gefallen, also bog ich ab. Kein Problem. Fünf Minuten später standen wir an einer anderen Ampel. Wieder bei Rot, auch dieses Mal kam kein Querverkehr. Hinter uns stand natürlich wieder jemand, worauf ich zügig abgebogen bin, damit wir nicht erneut angehupt werden. Außerdem hatte mir Torsten schon beim Zufahren auf die Ampel mit »Ich glaube, du kannst hier abbiegen« die Entscheidung mehr oder weniger abgenommen.

Plötzlich heulte hinter uns kurz eine Sirene auf und im Rückspiegel sah ich einen Lichterreigen wie auf dem Rummelplatz. Ich fuhr rechts ran und suchte erst einmal meinen Lippenstift, eine Angewohnheit, die immer durchschlägt, wenn ich aufgeregt bin. »Du musst die Hände am Lenkrad lassen!«, herrschte Torsten mich an. »Sonst denkt der, dass du nach einer Pistole suchst!« So ein Quatsch. Ich schaute wieder in den Spiegel und sah, wie der Polizist irgendetwas auf dem Beifahrersitz zu machen schien. »Lass die Hände am Lenkrad!« Torsten konnte einem manchmal wirklich auf die Nerven gehen.

Der Polizist stieg endlich aus und kam, wie ein Cowboy die Hand am Pistolenhalfter haltend, langsam auf unser Auto zu. Er bedeutete mir, das Fenster herunterzukurbeln. Ich lächelte ihn ganz lieb an, manchmal soll das ja helfen. Er lächelte auch ein bisschen zurück und fragte uns, ob wir einen Mietwagen fuhren und wollte dann die Papiere sehen. Woher er das wohl wusste?

Ich gab ihm meinen deutschen Führerschein und den Mietvertrag. Er ging zurück zu seinem Wagen. Jetzt schien er etwas zu schreiben. Torsten und ich fingen in der Zwischenzeit an zu streiten, weil er mich erst zum Abbiegen gedrängt hatte und jetzt mit dem ständigen Hände-auf-dem-Lenkrad-lassen nervte. Plötzlich stand der Polizist wieder neben meinem Fenster und reichte mir den Strafzettel: Er wollte 65 Dollar von uns haben! 65! Ich fragte: »*Why?*«

Er antwortete irgendetwas von »*No turn on Red*«. Ich wollte noch antworten, aber Torsten fuhr mich an, dass ich einfach bezahlen sollte, bevor ich es noch schlimmer machen würde. Der Polizist sah mich mitleidig an.

Wir fuhren weiter. Die nächsten zehn Minuten haben wir uns dann gegenseitig angeschrien – das wäre wahrscheinlich auch noch Ewigkeiten so weiter gegangen, hätte da nicht plötzlich wieder eine Sirene hinter uns aufgeheult. Also erneut rechts ran. Der Polizist war derselbe von vorhin. Hatte der etwas vergessen oder wollte er mir vielleicht beistehen? Als ich das Fenster herunterkurbelte schossen mir plötzlich die Tränen in die Augen.

»*Do you see that schoolbus?*« Er deutete hinter sich auf die andere Straßenseite. Unscharf konnte ich durch den Tränenschleier hindurch einen dieser typisch gelben amerikanischen Schulbusse ausmachen. Hinter dem Bus hatten anscheinend alle Autos angehalten. »*Now, look here!*« Er tippte auf den Rückspiegel an meiner Tür. Hinter uns, genauer gesagt hinter dem Polizeiauto mit dem angestellten Blaulicht, stand auch alles still. Aha! Anscheinend muss der gesamte Verkehr zum Erliegen kommen, wenn ein Schulbus anhält. Na, man kann es auch übertreiben!

Diesmal hat es der Polizist dann aber zum Glück bei einer Verwarnung belassen, unser Schock war auch so schon groß genug. Als der Schulbus sich wieder in Bewegung setzte, bedeutete der Polizist uns, loszufahren – und wir waren zu erschöpft zum weiteren Streiten.

Torsten | Nur um es festzuhalten: Ich habe Susanne weder angeschrien noch zum Abbiegen gedrängt! Und die Hände, das habe ich mal irgendwo gelesen, müssen am Lenkrad bleiben, damit der Polizist nicht denkt, dass man nach einer Pistole unterm Sitz oder im Handschuhfach greift. Aber das mit dem Schulbus war dann wirklich bekloppt, das hätte ich auch nicht gewusst.

Was ist diesmal schiefgelaufen?

An amerikanischen Ampeln darf bei Rot nur nach rechts abgebogen werden, wenn kein Verkehr kommt und wenn es kein Hinweisschild mit der Aufschrift *No Turn On Red* (Kein Abbiegen bei Rot) gibt. Allerdings weiß man nie so richtig, wo sich dieses Schild befindet. Mitunter ist es über der Kreuzung an der Ampel angebracht. Da aber viele Ampeln in den USA nicht an stabilen Masten befestigt sind, sondern an quer über die Straße gezogenen Kabeln hängen, kann sich das Schild auch am Fahrbahnrand befinden. Manchmal steht es auch in einigen Metern Entfernung von der Straßenecke, sodass man schon daran vorbei ist, wenn man direkt an der Kreuzung anhält. Besonders im Dunkeln kann man diese Schilder leicht übersehen. Im Zweifelsfall ist es daher besser, auf Grün zu warten.

Die Regelungen zum Anhalten hinter einem Schulbus unterscheiden sich von Staat zu Staat. Man sollte die Augen offen halten und schauen, was die anderen Verkehrsteilnehmer machen. In der Regel sollte man auf jeden Fall halten, wenn man sich in der gleichen Fahrtrichtung wie der Bus befindet und erst wieder losfahren und überholen, wenn das seitlich herausgeklappte Stoppschild wieder verschwunden ist bzw. wenn der Bus sich wieder in Bewegung gesetzt hat. In einer ganzen Reihe von Staaten müssen aber auch die Autos in der entgegengesetzten Fahrtrichtung anhalten, es sei denn, zwischen den Spuren befindet sich eine Leitplanke, eine Betonbarriere oder ein Grünstreifen.

Weitere Besonderheiten im amerikanischen Straßenverkehr

Zu den Besonderheiten im amerikanischen Verkehr zählen u. a. die Stoppschilder mit dem *3-way* oder *4-way*-Zusatz. Hier hat nicht der Vorfahrt, der von rechts kommt, sondern wer zuerst an der Kreuzung angehalten hat und dann, bei mehreren Fahrzeugen, abwechselnd in jede Fahrtrichtung immer der, der als nächster ankam. Schilder mit der Aufschrift *no exit* oder *no outlet* weisen auf Sackgassen hin, *do not pass* verbietet das Überholen und *no turn* das Abbiegen, *xing (crossing)* bedeutet Fußgängerüberweg, *junction* Kreuzung und *yield* Vorfahrt beachten.

Besonders nachts blinken die Ampeln an bestimmten Kreuzungen kontinuierlich rot oder gelb. Bei einer gelb blinkenden hat man Vorfahrt. Man sollte trotzdem die Fahrt etwas verringern und mit Vorsicht über die Kreuzung fahren, insbesondere zu fortgeschrittener Stunde, da dann erschöpfte oder eventuell angetrunkene Autofahrer unterwegs sein können. Wenn die Ampel in Fahrtrichtung rot blinkt, muss man jedoch unbedingt anhalten und gegebenenfalls Vorfahrt gewähren. Einige Ampeln blinken nachts auch in alle Richtungen rot, sodass sie wie die *4-way-stops* funktionieren.

Die Polizei lauert mit Vorliebe in der Nähe von Ampeln mit *no-turn-on-red*-Schildern oder rotem Dauerblinken sowie an *4-way-*

stops, da viele Leute hier nicht richtig anhalten, d.h. ihr Fahrzeug nicht zu einem kompletten Stillstand bringen, besonders wenn das Verkehrsaufkommen niedrig ist.

Im amerikanischen Straßenverkehr, insbesondere auf den Autobahnen, muss man immer damit rechnen, dass man von rechts überholt wird. Vorsicht auch beim Überholen der riesigen Trucks. Nur wenn man den Fahrer in dessen Rückspiegel sehen kann, sieht auch er das vorbeifahrende Auto.

Beim Autofahren in den Vereinigten Staaten sollte man möglichst gelassen bleiben und jederzeit auf Überraschungen gefasst sein. Die Fahrausbildung in den USA lässt in der Regel viele Wünsche offen, denn die Fahrprüfung ist vielerorts umfangbeschränkt und sehr einfach. Beharren Sie nie auf Ihrem Recht und verlassen Sie sich nicht darauf, dass die anderen Verkehrsteilnehmer z.B. die Vorfahrtsregeln kennen. Werden Sie nicht ärgerlich und unterlassen Sie unbedingt obszöne Gesten als Reaktion auf das Verhalten anderer Autofahrer. Denken Sie daran, dass diese unter Umständen bewaffnet sein könnten. Nachts sollten Sie an einer roten Ampel nach Möglichkeit nicht auf gleicher Höhe mit einem anderen Fahrzeug halten. Vermeiden Sie den Blickkontakt mit Insassen des anderen Autos. Das mag vielleicht ein wenig übertrieben klingen, aber für viele Amerikaner, besonders in Gegenden mit relativ hoher Kriminalität, ist diese Verhaltensweise selbstverständlich.

Und da wir schon einmal beim Thema Blickkontakt sind: Ein wortloses Mustern und Anstarren, wie man es teilweise in deutschen Nahverkehrsmitteln beobachten kann, ist in den USA verpönt. Wenn Sie jemandem in der U-Bahn oder im Bus gegenübersitzen, sollten Sie diese Person nicht länger als einen Augenblick anschauen. Alles andere wird als aufdringlich und extrem unangenehm aufgefasst. In solchen Situationen, aber auch bei Begegnungen im Hausflur, im Fahrstuhl, im Park und dergleichen, besonders wenn keine anderen Personen zugegen sind, sagen Amerikaner oft: »*How is it going?*« (Wie geht's?) Als Antwort wird »*Good!*« oder »*Fine!*« erwartet, und Sie können auch zurückfragen: »*How are you?*« Durch diesen freundlichen Austausch wird dem Fremden signalisiert, dass man ihm wohlgesinnt ist und er sich keine Sorgen um seine Sicherheit machen muss. Das hat bestimmt auch historische Wurzeln, da sich in den Weiten Amerikas oft Leute in einsamen Gegenden begegneten und sich auf diese Weise mögliche Konfliktsituationen am einfachsten vermeiden ließen.

KREISVERKEHR

Der Kreisverkehr *(roundabout)* war in den USA über viele Jahrzehnte hinweg in Vergessenheit geraten, ist jetzt aber wieder auf dem Vormarsch: 1990 wurde der erste moderne Kreisverkehr in einem Vorort von Las Vegas gebaut, und mittlerweile ist seine Zahl landesweit auf mehr als 3.700 angestiegen. Aber aufgepasst: Viele Amerikaner sind mit dem Kreisverkehr noch nicht sehr vertraut und befahren diesen oft recht verunsichert.

Wenn man von der Polizei angehalten wird

Wird man von der Polizei angehalten (in der Regel wird man durch Sirene und Warnlichter zum Rechtsranfahren aufgefordert), muss man unbedingt im Auto sitzen bleiben. Die Hände bleiben am Lenkrad, so wie Torsten das ganz richtig angemerkt hat. Erst wenn der Polizist dazu auffordert, sucht man nach den Papieren. Auf gar keinen Fall sollte man anfangen, mit dem Polizisten zu diskutieren. Bei höflichem Verhalten stehen die Chancen oft recht gut, mit einer Verwarnung davonzukommen.

Wie Susanne es beschrieben hat, kann es einige Minuten dauern, bis der Polizist aus seinem Auto aussteigt und von hinten an das angehaltene Auto herankommt. Er hat dann zuvor in einer Datenbank nachgeschaut, ob gegen den Halter des gestoppten Autos irgendetwas vorliegt oder ob das Auto vielleicht gestohlen wurde. Beim Erstkontakt hat der Polizist seine Waffe normalerweise griffbereit, da er ja nicht weiß, was ihn erwartet und ob die Insassen des Autos möglicherweise bewaffnet sind. Er wird sich normalerweise den Führerschein *(driver's license)*, die Registrierung *(registration)* des Autos und den Versicherungsnachweis *(proof of insurance)* zeigen lassen. Bei Mietwagen sollte der Mietvertrag anstelle der Registrierung und des Versicherungsnachweises gezeigt werden. Der Polizist wird dann meistens zu seinem Wagen zurückgehen und per Computer abfragen, wie viele Strafzettel der Fahrer bereits hat. Wer noch keine Strafzettel hatte, kommt oft mit einer Verwarnung davon, wenn das Vergehen nicht schwer war. Wer schon »vorbestraft« ist, erhält meistens einen weiteren Strafzettel, öfter auch eine Vorladung vors Gericht.

21 AUF UMWEGEN DIREKT NACH NORDEN

4. AUGUST, TRAVERSE CITY, MICHIGAN

Torsten | Wir sind gerade in Traverse City, im Norden von Michigan angekommen. Mann, das war vielleicht eine Fahrt! Ich bin hundemüde. Eigentlich sollte die Strecke in viereinhalb Stunden zu schaffen sein, es gab aber einen Haufen Baustellen, wo der Verkehr nur langsam auf einer Spur dahin kroch – und dann haben wir uns doch tatsächlich zweimal verfahren. Eigentlich sollte das unmöglich sein, denn es gibt eine Autobahn, die im Prinzip direkt von Ann Arbor nach Traverse City führt. Aber Susanne findet sich auf keiner Karte zurecht und mich hat die miserable Ausschilderung verwirrt, sodass wir letztendlich gut sechseinhalb Stunden für die Fahrt brauchten!

Gleich hinter Ann Arbor ging es los. Es gab eine Menge Verkehr, der sich langsam an einer Baustelle vorbeischob. Nach einer Weile spaltete sich die Autobahn, die *US-23* hieß, und ich hatte keine Ahnung, ob ich nach links oder rechts fahren sollte. Die Spuren, die nach links führten, waren als *exit* ausgeschildert, aber abfahren wollte ich nicht, denn ich wusste, dass wir die gesamte Strecke nach Traverse City auf der Autobahn zurücklegen würden. Also blieb ich rechts.

Susanne starrte auf die Karte und konnte mir auch nicht sagen, wo wir lang mussten. Dann meinte sie: »Ich glaube, jetzt sind wir auf der *US-23 E*, wir hätten aber die *US-23 N* nehmen müssen.« Ich verstand gar nichts. »Na, *E* bedeutet wohl *East*, also Osten, und *N* heißt Norden, und da wollen wir doch hin!«

Ein paar Meilen später gab es eine richtige Ausfahrt, da bin ich erst einmal runter von der Autobahn. Ein Blick auf die Karte bestätigte, dass wir tatsächlich nach links hätten fahren müssen. Also zurück auf die Autobahn, diesmal Richtung Westen und rein in den Stau. Im Schneckentempo näherten wir uns der Stelle, wo wir nach Norden abbiegen würden. Dieses Mal ging es also nach rechts, sodass ich in dem stockenden Verkehr nicht groß die Spuren wechseln musste.

Als wir im Stau so dahin krochen, stieg die Temperatur im Auto auf ein ansatzweise unerträgliches Niveau. Zumindest für mein Empfinden, Susanne fand es noch völlig in Ordnung und war strikt dagegen, ihr Fenster zu schließen und die Klimaanlage zu starten. »Du bist ja schon genauso wärmeempfindlich wie die Amis.« Den Kommentar konnte sie sich wirklich sparen, aber sie legte sogar noch nach: »Möchtest du vielleicht ein paar Eiswürfel für deine Cola?« Ich schloss wortlos das Beifahrerfenster mit dem auf meiner Seite befindlichen Steuerknopf und schaltete die Klimaanlage ein.

Das darauffolgende Hin und Her zwischen Susannes Anstrengungen, das Fenster zu öffnen, und meinen prompt folgenden »Fernschließungen« gipfelte in einem Sieg meiner Person – und einem Kälteeinbruch durch erhöhte Klimaanlagenaktivität. Als ich die Klimaanlage daraufhin wenige Minuten später abschaltete, entfuhr Susanne ein triumphierendes »Siehste!« Wir mussten beide lachen.

Mittlerweile waren wir auf der *I-75* gelandet, die aber gleichzeitig auch immer noch die *US-23* und dementsprechend doppelt beschildert war, und brausten nach Norden. Den nächsten Stau gab es erst, als wir die Stadt Saginaw erreichten. Da wir beide hungrig waren und Susanne aufs Klo musste, beschlossen wir, hier abzufahren und zu *McDonald's* zu gehen. Wir aßen beide einen Hamburger. Aufs *root beer* verzichtete ich diesmal.

Anschließend hatten wir Schwierigkeiten, die Autobahn wieder zu finden. Schließlich sahen wir ein Schild mit der Aufschrift *I-675* und nach einem Blick auf die Karte meinte Susanne, dass diese Straße zur *I-75* zurückführte. Als wir dort ankamen, war die Ausschilderung jedoch wieder total verwirrend. Ich verlor langsam die Nerven. »Wo lang denn nun?«, entfuhr es mir lauter als gewünscht.

Während Susanne etwas murmelte wie »Was weiß ich denn ...« gerieten wir auf die Rampe, die zur *I-75* in südlicher Richtung führte. Das konnte doch wohl nicht wahr sein! Umdrehen ging nicht, und so fuhren wir tatsächlich erst einmal wieder in Richtung Ann Arbor. Im Auto herrschte eine Hitze, dass einem das Wasser den Rücken runter lief, Susannes Schweigen jedoch war eisig. »Meine Schuld ist das nicht!«, sagte sie trotzig. »Meine vielleicht?«, antwortete ich verärgert. »Gib mir mal die Karte!« Sie hielt die Karte fest in der Hand. »Pass du lieber beim Fahren auf!«

Zum Glück gab es bald eine Abfahrt und wir konnten auf der anderen Seite wieder auffahren und unseren Weg in Richtung Norden fortsetzen, nicht ohne noch mal kurz im Stau stecken zu bleiben. So eine Zeitverschwendung!

Susanne | Von wegen Unfähigkeit in Sachen Autokarte. Wir haben uns bloß verfahren, weil die Ausschilderung irgendwie keinen Sinn machte und Torsten total ungeduldig war und am Ende wieder alles besser wissen wollte! Und die Klimaanlage muss doch nun wirklich nicht sein. Wir sind doch bisher auch ohne ausgekommen!

Was ist diesmal schiefgelaufen?

Die Abfahrten *(exits)* der amerikanischen Autobahnen sind oft ungünstig gebaut und schlecht ausgeschildert. Wenn man eine Strecke nicht kennt, kann man sich sehr leicht verfahren. *Exits* können nämlich sowohl auf der rechten als auch auf der linken Seite liegen und nicht immer kann man voraussagen, wo sich die Ausfahrt befindet. Man sollte auf jeden Fall bei den Hinweisschildern, welche die Abfahrt ankündigen, darauf achten, auf welcher Seite die *exit number* angebracht ist. Steht diese Nummer rechts, dann liegt die Abfahrt wahrscheinlich rechts. Steht die Nummer links, dann wird sich die Abfahrt wohl auf der linken Seite befinden. Allerdings wird diese Ausschilderungsmethode nicht überall genutzt, sodass Sie sich darauf alleine leider nicht verlassen können.

Achten Sie zusätzlich vor allem auf die *exit-only*-Spuren, in die Sie sich rechtzeitig einordnen sollten. Diese Spuren werden letztendlich zu Ausfahrten. Oft werden bestehende Spuren auf der rechten oder linken Seite zu solchen *exit only lanes*. Falls Sie nicht ausfahren wollen, müssen Sie rechtzeitig in eine andere Spur wechseln, um auf der Autobahn bleiben zu können. Vorsicht: Seien Sie vor Autofahrern auf der Hut, die zu spät merken, dass sie in der falschen Spur sind. Diese nehmen dann oft riskante Spurwechsel vor und bringen sich und andere Verkehrsteilnehmer in Gefahr.

HIGHWAYS UND FREEWAYS

Highways sind Fernverkehrsstraßen, die auch durch Ortschaften und über Verkehrskreuzungen führen können. *Freeways* sind *highways*, die wie deutsche Autobahnen nur über spezielle Auf- und Abfahrten befahren werden können und deren Verkehrsfluss nicht durch Ampeln unterbrochen wird. Ihre Streckenführung kann auf einzelne Staaten beschränkt sein, aber auch als sogenannte *Interstates* durch mehrere Staaten verlaufen. Die erste Straße, die von der Ostküste zur Westküste führte, war der *Lincoln Highway*, der 1913 eingeweiht wurde. Die Strecke begann am Times Square in New York City, ging durch 13 Bundesstaaten und endete nach 5.454 Kilometern am *Lincoln Park* in San Francisco. Der Highway wurde auch *The Main Street Across America* (Amerikas Hauptstraße) genannt.

Während die Highways in den Anfangsjahren Namen wie *Lincoln Highway, Ben Hur Highway, Atlantic Highway, Lakes-to-Sea Highway* und *Yellowstone Highway* trugen, wurde 1926 ein System der nummerierten Fernverkehrsstraßen, *U.S. Routes* genannt, eingeführt.

1956 beschloss man schließlich, ein *Interstate Highway System* zu bauen. Die Planung dafür hatte schon 1938 begonnen, als Präsident Franklin D. Roosevelt dem Leiter der Straßenaufsichtsbehörde eine handgezeichnete Karte mit acht *Interstate Highways* gab. Präsident Dwight D. Eisenhower setzte dann den Beschluss zum Bau endgültig durch. Als Oberbefehlshaber der alliierten Streitkräfte in Europa während des Zweiten Weltkrieges hatte er gesehen, wie wichtig ein solches Autobahnnetz war.

Orientierung auf den *Interstates*

In vielen Bundesstaaten richtet sich die Nummerierung der *Interstate*-Ausfahrten nach der Meilennummer, z.B. *exit 65* liegt nahe Meile 65. Wenn das der Fall ist, kann man durch das Verfolgen der Nummern auf den *mile markers* am Fahrbahnrand den Abstand zu der gewünschten Ausfahrt leicht einschätzen. Das ist aber nicht in allen Staaten so. In einigen Staaten werden einfach alle Ausfahrten durchgehend nummeriert. So könnte *exit 28* bei Meile 230 und *exit 50* bei Meile 320 liegen. Durch einen Blick auf die Karte und das Vergleichen der *exit numbers* mit den *mile markers* erkennt man jedoch sehr schnell, um welches System es sich handelt.

Die *mile markers* zeigen übrigens die Entfernung von dem Punkt an der Bundesstaatsgrenze an, wo die *Interstate* in den jeweiligen Staat hineinführte. An jeder Grenze beginnt die Meilenzählung neu. Die Zahlen steigen von Süden nach Norden und von Westen nach Osten an. Wenn der Anfangspunkt einer *Interstate* innerhalb eines Staates liegt, beginnt dort die Zählung. Wenn Sie in einen Staat von Norden oder von Osten hineinfahren, werden Sie demnach zuerst hohe Zahlen sehen, die dann allmählich kleiner werden.

Auf den *Interstates* spielen die Himmelsrichtungen generell eine wichtige Rolle bei der Orientierung. So werden Auffahrten nicht nur mit der entsprechenden Fahrtrichtung ausgeschildert, z. B. *I-94 East* und *I-94 West*, vielmehr geben die Nummern der *Interstates* an sich schon Aufschluss über ihren generellen Verlauf: *Interstates* mit geraden Zahlen, z. B. *I-94*, führen immer von Osten nach Westen bzw. umgekehrt und *Interstates* mit ungeraden Zahlen, z. B. *I-75*, verlaufen immer von Norden nach Süden oder umgekehrt. Dieses System wird Ihnen bekannt vorkommen – ebenso funktioniert das Nummernsystem der deutschen Autobahnen.

Es gibt auch *Interstates* mit dreistelligen Zahlen. Diese Strecken verbinden zwei *Interstates* miteinander. Wenn die erste Stelle gerade ist, dann handelt es sich in der Regel um eine Ringautobahn, die an beiden Enden an eine *Interstate* angeschlossen ist, z. B. um oder durch eine Stadt führt und im Durchfahrtsgebiet eine schnelle Verbindung zur eigentlichen *Interstate* ermöglicht. Die *I-675*, auf der Torsten und Susanne gefahren sind, führt z. B. durch die Stadt Saginaw und ist an beiden Enden mit der *I-75* verbunden. Ist die erste Stelle jedoch eine ungerade Zahl, dann gibt es nur an einem Ende einen Anschluss an die *Interstate*. Der *highway* könnte dann z. B. in das Zentrum einer Stadt führen und dort enden bzw. mit anderen Straßen verschmelzen.

22 STRANDSITTEN

5. AUGUST, TRAVERSE CITY, MICHIGAN

Torsten | Traverse City liegt in einer idyllischen Bucht am Michigansee und scheint ein wichtiger Badeort zu sein, denn am Ufer steht ein Hotel neben dem anderen. Wir haben Glück gehabt: Unser Zimmer liegt zu ebener Erde und wenn wir aus der Verandatür treten, sind wir schon am Strand, der allerdings nur circa 20 Meter breit ist. Aber immerhin gibt es keine Steine, man kann also nach Herzenslust herumtollen.

Nach dem Frühstück bin ich heute Morgen auch gleich mal ins Wasser gerannt und eine Runde geschwommen. Als ich danach – leicht erschöpft – wieder ans Ufer gestapft kam, sah ich, wie ein Ehepaar mit zwei Kindern, die im zweiten Stock auf dem Balkon saßen, mich erst fassungslos anstarrten, die Frau dann hysterisch lachte, der Mann den Mund angewidert verzog und die Kinder miteinander tuschelten. Merkwürdig, dachte ich. Nun ja, vielleicht wurde hier morgens nicht gebadet, möglicherweise aus religiösen Gründen, immerhin war ja Sonntag. Irgendwie hatte ich auch den Eindruck, dass die Frau auf meine Badehose geschaut hatte. Sie hatte doch nicht etwa über deren Inhalt gelacht? Das Wasser war ja sehr kalt gewesen, da schrumpft bekanntlich so manches, und das kann schnell mal einen falschen Eindruck vermitteln.

Am Nachmittag erkundeten wir die Gegend, die hauptsächlich aus Kirschbaumplantagen bestand, auf denen man selber die süßen Früchte pflücken und Kirschwein kosten konnte. Wir kosteten erst und taumelten dann beseelt von Baum zu Baum, um unsere Bäuche und einen Plastikeimer mit den schönsten Kirschen zu füllen.

SELBER PFLÜCKEN AUF DER U-PICK-FARM

Im deutschen Sprachraum gibt es zwar auch zunehmend Obstplantagen mit Selbsternte, in den USA jedoch sind diese schon seit Jahrzehnten der Normalfall und bilden oft das Geschäftsmodell des jeweiligen Obstbaubetriebes.

Der Besuch einer *U-pick farm* (von *you pick*, auf Deutsch »duplückst«) ist eine nette Aktivität für die ganze Familie: Man ist an der frischen Luft, betätigt sich körperlich und geht mit Obst nach Hause, das frischer nicht sein könnte. Das kann man während der Erntezeit praktisch jedes Wochenende machen und dabei auch die Obstsorten abwechseln. Erdbeeren, Äpfel, Blaubeeren, Kirschen, Himbeeren und Pfirsiche kann man während der Sommermonate in den meisten Regionen der USA pflücken, in wärmeren Gebieten kommen auch noch Zitrusfrüchte hinzu, wie z. B. Orangen in Florida.

Oft gibt es auf der *U-pick farm* zusätzliche Aktivitäten wie Fahrten mit dem Heuwagen und einen Streichelzoo.

Nach einem kurzen Schläfchen ging es wieder an den Strand, der nun dicht belegt war – anscheinend waren die Gottesdienste jetzt wohl vorbei. Noch halb verschlafen nach einem freien Plätzchen suchend, nahm ich wahr, wie alle irgendwie meine Körpermitte begutachteten, so aus dem Augenwinkel heraus und mit leicht zur Seite abgewendetem Kopf, als ob sie sich eine Operation am offenen Herzen oder die schleimige Geburt eines Kalbes im Fernsehen anschauten. Ich legte mich auf mein Handtuch und sinnierte über den Grund. Eine Erektion hatte ich nicht, das kann es also nicht gewesen sein. Viel Zeit zum weiteren Nachdenken gab es allerdings nicht, denn Susanne setzte sich neben mich und reichte mir wortlos die Sonnencreme, die ich ihr auf den Rücken schmieren sollte.

Als ich damit fast fertig war, legte sie wie immer ihr Bikini-Oberteil ab, worauf die gesamte Strandbevölkerung so etwas wie einen unterdrückten Schrei auszustoßen schien. Einige Mütter hielten ihren Kindern die Hände vor die Augen, während sie ihren Männern, die allesamt Susanne anstarrten, böse Blicke und Worte zuwarfen. Nun ja, Susanne ist, wie soll ich es sagen, schon einen Blick wert, aber so eine Reaktion hatte sie noch nie bekommen. Sie sah mich fragend an, ich lächelte teils unsicher, teils stolz zurück und kam zu dem Entschluss, dass das frische Nass meine Sinne und mein Denkvermögen stärken würde. Ich schritt also schnell im Zickzackkurs zwischen den schlagartig verstummenden Strandgästen in Richtung Wasser und warf mich in die Wogen. Hinter mir hörte ich Lachen. Wütend kraulte ich in den See.

Als ich mich nach einigen Minuten umdrehte und in Richtung Strand blickte, stand ein Polizist vor Susanne und reichte ihr ein Badetuch. Seit wann war es Aufgabe der Polizei, am Strand Badetücher auszugeben? Susanne wickelte sich jedenfalls das Tuch um den Oberkörper und schien ihm dann ihren Reisepass zu geben. Ich schwamm schnell zurück zum Ufer, zog erneut alle Blicke auf mich und lief zügig zu unserem Liegeplatz.

Als ich mich dem Polizisten näherte, blickte er von seinem Notizbuch auf, warf ebenfalls einen verwunderten Blick auf meine Badehose und schüttelte den Kopf. Er gab Susanne ihren Pass zurück und sagte irgendetwas von *»Germany«* und *»beach«*. Susanne schnappte sich daraufhin unsere Sachen und machte sich verärgert auf den Weg zu unserem Hotelzimmer – ich folgte ihr. Der Polizist rief uns noch ein *»Have a nice day!«* hinterher, so wie das hier auch alle Kassierer im Supermarkt machen. Ich blickte kurz über die Schulter und sah ihn grinsen. Was der wohl so lustig fand?

Was ist diesmal schiefgelaufen?

Anders als der Alkoholverkauf ist das Baden am Sonntagvormittag nicht untersagt. Das war also nicht der Grund, warum Torsten beim morgendlichen Schwimmen die Aufmerksamkeit der Familie auf dem Hotelbalkon erregte. Es war vielmehr seine traditionelle, kleine und enge deutsche Badehose. Mit dieser wird ein Mann an den meisten amerikanischen Stränden erstaunte und sogar angewiderte Blicke auf sich ziehen. Mit diesem Kleidungsstück, das im Volksmund *speedo* (nach dem ursprünglichen Hersteller dieser knappen Bademode) beziehungsweise *banana hammock* (»Hängematte für die Banane«) genannt wird, würde sich ein durchschnittlicher Amerikaner nie im Leben in der Öffentlichkeit zeigen, außer bei einem Schwimmwettkampf oder am *gay beach*. Genauso gut könnte er das Bikini-Unterteil seiner Frau bzw. Freundin am Strand tragen.

KLEIDERORDNUNG AM STRAND

»Oben ohne« ist für Frauen in den USA weitgehend tabu bzw. sogar gesetzwidrig und kann unter Umständen durchaus die Polizei auf den Plan rufen, von einigen Stränden in Kalifornien und Florida einmal abgesehen. Also: Männer sollten eine etwa knielange Badehose tragen und Frauen grundsätzlich das Bikini-Oberteil anbehalten. Die gleichen Bekleidungsregeln gelten übrigens auch für den Saunabesuch.

23 TANKSTELLEN OHNE CHEFKOCH

6. AUGUST, TRAVERSE CITY, MICHIGAN

Susanne | Mit unserem Schulenglisch kommen wir hier leider nicht sehr weit. Das amerikanische Englisch ist eben doch ganz anders, und viele Wörter, die man hier so braucht, haben wir gar nicht gelernt. An manchen Tagen ist es nicht so schlimm, aber an anderen läuft einfach alles schief. Heute war wieder so ein Tag.

Es ging schon am Morgen los. Na ja, »Morgen« ist wohl nicht ganz richtig, »Vormittag« trifft wohl eher zu, denn wir haben natürlich ausgeschlafen (schließlich sind wir ja im Urlaub) und sind erst gegen halb elf aufgestanden. Um diese Zeit gab es im Hotel kein Frühstück mehr und so beschlossen wir, mal in einem richtigen amerikanischen *Diner* frühstücken zu gehen. Wir hatten am Abend, als wir noch ein wenig in der Gegend herumgefahren waren, so einen klassischen *Diner* gesehen, ganz aus Edelstahl und wie aus einem James-Dean-Film.

Schwimmen gehen wollte Torsten heute Morgen nicht, denn er hatte von den gestrigen Vorfällen noch die Nase voll, und so beschlossen wir, uns direkt auf den Weg zu dem *Diner* zu machen. Wir fuhren voller Tatendrang und Hunger los, konnten uns aber nicht so recht daran erinnern, wo der *Diner* denn nun genau war. Am Tag sieht dann alles doch irgendwie ganz anders aus. Da wir uns zum Glück den Namen gemerkt hatten, *Rosie's Diner*, fuhren wir schnurstracks zur nächsten Tankstelle, um dort nach dem Weg zu fragen. Tanken mussten wir sowieso auch noch.

Warum in den USA an jeder Tankstelle die Zapfsäulen anders funktionieren müssen, verstehe ich nicht – an dieser kamen wir jedenfalls überhaupt nicht zurecht. Torsten probierte hin und her – es ging einfach nicht. Also bin ich rein und habe Hilfe geholt. Als ich mit der Kassiererin zurückkam, war Torsten verärgert, denn er ließ sich nicht gern helfen, und schon gar nicht in Sachen Auto – und dann auch noch von einer Frau. Torstens Eitelkeit war mir allerdings völlig egal, hier ging es ja schließlich nur ums Tanken – außerdem wollten wir ja nach dem Diner fragen. Die Frau war auch sehr nett und hat uns gezeigt, wie's geht: Zapfhahn abnehmen, einen Hebel hochklappen, Benzinsorte auswählen, an der Zapfsäule auf *start* drücken und dann den Zapfhahn betätigen.

»Warum einfach, wenn's auch kompliziert geht!«, maulte Torsten. Die Frau musste allerdings gleich wieder rein, um Kunden zu bedienen und so hatten wir keine Zeit, nach dem Weg zu fragen. Aber an der Zapfsäule neben uns war ein freundlich aussehender Herr – ich ging also rüber und fragte: »*Excuse me, where's Rosie's Diner?*« Der Herr lächelte, er hatte mich verstanden und deutete mit ausgestrecktem Arm die Straße hinunter und sagte etwas von *two blocks* und *turn right*. Ich ahnte ungefähr, was er meinte. Zumindest wusste ich nun die Richtung, in welcher sich der *Diner* befand. Torsten hatte mittlerweile fertig getankt und wir gingen rein zum Bezahlen.

Als wir die Rechnung bekamen, bemerkten wir sofort, dass der Preis wundersam gestiegen war – die Gallone kostete ganze zehn Cent mehr als am großen Schild der Tankstelleneinfahrt angezeigt war. Neben mir wurde es ganz still und dann hörte ich schweres Atmen; es deutete sich wieder einmal eine Torsten-wird-sich-aufregen-Situation an. Die Frau an der Kasse erklärte uns, dass der niedrigere Preis *cash only* sei, und der höhere für Kreditkarten gilt. Torsten zückte das Portemonnaie und wollte gerade die Scheine zählen, als die Frau den Kopf schüttelte und uns klarmachte, dass wir nicht *cash* zahlen könnten. Das war für Torsten zu viel, er ging an die Decke und sagte der Frau, dass er den Chef sprechen wolle. Die Frau schaute uns an, als ob wir soeben aus der Irrenanstalt entflohen wären. Meine weibliche Vernunft schlichtete die Szene, indem ich Torsten sagte, er solle einfach mit Kreditkarte bezahlen, und gut ist's. Torsten murmelte auf dem Weg ins Auto die Worte »Nepper, Schlepper, Bauernfänger«.

Von der Tankstelle aus fuhren wir in die Richtung, die der Mann uns gezeigt hatte, und die Vorfreude auf ein original amerikanisches *Diner*-Frühstück ließ uns den Ärger schnell vergessen. Wir hielten aber vergeblich Ausschau nach den zwei Häuserblocks, die der Mann erwähnt hatte und bei denen wir rechts abbiegen sollten. Nachdem wir mit Sicherheit fast zwei Kilometer nur an hübschen, kleinen Holzhäusern vorbeigefahren waren, kam uns das Ganze langsam merkwürdig vor. Wir beschlossen, noch mal jemanden zu fragen, und bogen bei der nächsten Gelegenheit nach rechts ab – und landeten direkt vor *Rosie's Diner*!

Was ist diesmal schiefgelaufen?

Dass Torsten und Susanne nicht mit der Zapfsäule zurechtkamen, kann passieren. Nicht immer ist offensichtlich, wie das funktioniert – und fragen kostet nichts. Aufgepasst aber beim Thema Benzinpreise: Das Schild, auf dem sie stehen, zeigt oft mehrere Preisgruppen, meistens je nach Kraftstoff, mitunter aber auch nach Zahlungsart. Achten Sie darauf, ob neben dem niedrigsten Preis *cash only* steht. Sie müssen dann in bar bezahlen, um Benzin zu diesem niedrigen Preis zu bekommen, und zwar vor dem Tanken! Sie gehen also zuerst zum Kassierer, nennen Ihre Zapfsäule, z. B. *pump one*, und zahlen einen von Ihnen gewählten Betrag. Der Kassierer stellt dann den Geldbetrag und den niedrigen Preis auf seinem Computer ein, und wenn Sie tanken, wird der Tankvorgang automatisch beendet, sobald der von Ihnen gezahlte Betrag erreicht ist. An den meisten Tankstellen wird man nach Einbruch der Dunkelheit ohnehin zuerst zur Kasse gebeten, wenn man mit Bargeld bezahlen will. Ansonsten kann man an fast allen Tankstellen und zu jeder Zeit direkt an der Zapfsäule per Kreditkarte zahlen. Der höhere Preis ergibt sich hier durch die Gebühren, die der Tankstellenbesitzer für jede Transaktion per Kreditkarte bezahlen muss.

Wenn man nach dem Vorgesetzten oder dem Filialleiter fragt, sollte man das Wort *manager* verwenden: *»I'd like to talk to the manager.«* Das Wort *chef* bedeutet im Amerikanischen ausschließlich »Chefkoch«, und den wird man an einer Tankstelle natürlich nicht finden.

WAS HAT ES MIT DEM *BLOCK* AUF SICH?

Der Begriff *block* ist ein etwas missverständliches Wort. Ein *block* ist gekennzeichnet durch die Entfernung, die zwischen zwei Straßen liegt. Dies spiegelt sich dann in den Hausnummern wieder, die in den USA oft drei- und vierstellig sind. Das erste Haus in einer Straße trägt oft die Nummer 100 und nach einer Querstraße springen die Zahlen normalerweise zur nächsten Hundert bzw. bei größeren Straßen sogar zur nächsten Tausend, um einen neuen Block anzuzeigen. So könnte z.B. ein Haus die Nummer 2105 haben – käme danach eine Querstraße, würde das nächste Haus die Nummer 2201 oder gar 3001 tragen. In Wegbeschreibungen geben Amerikaner oft eine bestimmte Zahl von *blocks* an, die man entlangfahren muss, um eine bestimmte Adresse zu erreichen. Auch Straßenkreuzungen werden gern genannt, um einen Ort zu bestimmen. »*The diner is near Liberty and Main*«, besagt z. B., dass sich der *Diner* nahe der Kreuzung von *Liberty Street* und *Main Street* befindet.

24 IM DINER

6. AUGUST, TRAVERSE CITY, MICHIGAN

Torsten | Wir betraten erwartungsvoll den *Diner*. Im Eingangsbereich standen einige Leute und wir wussten ja mittlerweile, dass wir unsere Namen auf die Warteliste setzen mussten. Wir sahen einen Mann, der hinter einem Podest stand, auf dem das Buch mit der Liste lag und eine Skizze mit allen Tischen, in die er Kreuze machte. Er rief »*Steve! Party of two*« und ein junges Pärchen stand von einem kleinen Bänkchen auf. Der Mann griff sich zwei Speisekarten, marschierte los und die beiden folgten ihm.

Nach etwa zehn Minuten Wartezeit bedeutete er auch uns endlich, ihm zu folgen. Er wies uns ein Separee am Fenster zu. Unsere Kellnerin war geschwind zur Stelle, überschüttete uns mit einem Redeschwall, stellte zwei Plastikbecher mit eiskaltem Leitungswasser auf unseren Tisch und sah uns erwartungsvoll an. Die Kellnerin sagte irgendwas von *coffee* und wir nickten beide. Blitzschnell rannte sie davon, dreißig Sekunden später war sie wieder da und knallte zwei kleine, schmale Tassen Kaffee auf die Tischplatte. Sie zückte ihren Notizblock und war bereit, unsere Bestellungen entgegenzunehmen. Ich hatte allerdings noch gar keine Zeit gehabt, auf die Speisekarte zu sehen.

Die Kellnerin fragte: »*Do you need a minute?*« Ich nickte wieder und war froh, jetzt erst einmal in Ruhe entscheiden zu können.

Die Kellnerin lächelte und rannte zum Nebentisch. Ich fragte Susanne, was sie essen wollte. Sie deutete auf die Speisekarte. *Vegetarian Omelet*, stand dort. Ich entschied mich für ein *Farmer's Omelet*, das klang irgendwie sehr nahrhaft. Kaum hatten wir entschieden, war die Kellnerin auch schon wieder da, Notizblock und Stift in der Hand. Anscheinend musste hier alles Ruckzuck gehen, gemütlich frühstücken war in diesem Diner offensichtlich nicht angesagt.

Wir bestellten unsere Omelettes und die Kellnerin fragte uns, ob wir Toastbrot wollten. Ich erwiderte mit einem klaren *»yes«*, aber die Kellnerin fragte noch mal nach, als ob sie es nicht verstanden hätte. Ich wiederholte *»yes«* und die Kellnerin machte achselzuckend eine Notiz. Dann verschwand sie. Als ich mich umdrehte, sah ich, wie sie mit einer Kollegin sprach, mit dem Kopf in unsere Richtung deutete und die andere Kellnerin daraufhin lächelte. Wir hatten bestimmt wieder irgendwas nicht richtig verstanden, fragt sich nur was?

Fünf Minuten später waren unsere Omelettes da. Keine Ahnung, wer die essen sollte, so groß waren die. Aber damit nicht genug. Auf dem Teller lag auch ein kleiner Berg Bratkartoffeln, die allerdings viel kleiner geschnitten waren als bei uns, und zwei zusammengepappte Scheiben Toastbrot, die halb verkohlt waren, vor Butter trieften und diagonal durchgeschnitten waren. Ein Teller alleine hätte genügt, um eine vierköpfige Familie zu versorgen. Wir mussten beide lachen. Ich zückte spontan meine Kamera und hielt diesen Berg an Essen für unsere Freunde fest – wieder drehten sich einige Leute zu uns um, diesmal war es mir aber egal, das musste ich einfach festhalten.

Geschmeckt hat es wunderbar, allerdings konnten wir beide jeweils nur die Hälfte essen. Die Kellnerin kam und wollte uns eine zweite Tasse Kaffee einschenken, die ich aber – man muss auch mal bei kleinen Dingen sparen – für uns beide ablehnte. Wer weiß, wie viele Strafzettel wir noch bekommen, da müssen wir jetzt erst einmal sparsam mit unserem Geld umgehen. Am Ende stellte uns die Kellnerin zwei Styropor-Schachteln auf den Tisch. Warum nicht, dachte ich mir, machen wir es doch einmal wie die Amerikaner. Die Reste vom Omelette wollte ich zwar nicht mitnehmen, ich bestrich aber das Toastbrot mit Marmelade aus kleinen Plastikverpackungen und steckte es in die Schachtel.

»Willst du das wirklich essen?«, fragte Susanne und meinte, dass die angebliche Marmelade doch bestimmt reine Chemie sei. »Na, wir bezahlen doch dafür«, erwiderte ich. Dies war anscheinend auch das Stichwort für unsere Kellnerin (verstand sie etwa Deutsch?), uns die Rechnung auf den Tisch zu legen, einen schönen Tag zu wünschen und wegzugehen.

»Will die denn unser Geld nicht?«, fragte Susanne. Wir sahen dann aber, wie jemand von einem anderen Tisch ebenfalls gerade aufstand, danach allerdings nicht direkt die Ausgangstür anpeilte, sondern sich zu einer Kasse begab und dort bezahlte. Wir gingen also ebenfalls dorthin und drückten der Kellnerin, die zufällig an uns vorbei kam, drei Dollar Trinkgeld in die Hand. Sie schien sehr überrascht, bedankte sich aber.

Was ist diesmal schiefgelaufen?

Die Kellnerin fragte, wie es in einem *Diner* üblich ist, welche Art Toastbrot man zum Omelette haben möchte. Diese Frage kann man natürlich nicht einfach nur bejahen, so wie Torsten und Susanne es taten. Am besten ist es, zu fragen, was für Brotsorten zur Auswahl stehen: »*What are my choices?*« In den meisten Fällen sind das *white* (normales Toastbrot), *wheat* (Weizen) und *rye* (Roggen).

In einem *Diner* gibt es neben Omelettes noch andere Möglichkeiten der Eier-Zubereitung, z. B. *scrambled eggs* (Rührei), *eggs sunny side up* (Spiegeleier mit der »Sonnenseite« nach oben) und *eggs over easy* (von beiden Seiten gebratene Spiegeleier).

Das Nachschenken von Kaffee und Cola erfolgt, wie schon erwähnt, in der Regel kostenlos. Der amerikanische Begriff hierfür ist *free refills*. Durch ihren Verzicht haben Torsten und Susanne also kein Geld gespart.

Bezahlt wird in einem Diner zwar an der Kasse, das Trinkgeld lässt man aber einfach auf dem Tisch liegen. Hat man kein Bargeld dabei, kann man jedoch den Trinkgeldbetrag auch auf den Ausdruck für die Bezahlung per Kreditkarte schreiben. Auf keinen Fall sollte man der Kellnerin das Trinkgeld in die Hand drücken.

25 BRENNENDE HERZEN

6. AUGUST, SLEEPING BEAR DUNES, MICHIGAN

Susanne | Heute Nachmittag sind wir auf den größten Sanddünen rumgeklettert, die ich je in meinem Leben gesehen habe. Die *Sleeping Bear Dunes* liegen in einem Nationalpark im Nordosten von Michigan und sind bestimmt mindestens 100 Meter hoch. Wenn man oben auf den Dünen steht, hat man auf der einen Seite einen malerischen Ausblick auf den Michigansee und auf zwei Inseln im See, auf der anderen Seite sieht man einen Inlandsee und scheinbar endlose Wälder.

Torsten wollte unbedingt den steilen Hang zum Wasser hinunter. Die Menschen unten auf dem schmalen Strand sahen fast so klein aus, wie die Leute in Berlin, wenn man vom Fernsehturm herunter schaut. Und zum Hochklettern schienen sie ewig zu brauchen. Viele sahen schon auf halber Höhe so aus, als ob sie in der prallen Sonne und der sengenden Hitze vorzeitig aufgeben würden. Darauf hatte ich echt keine Lust. Torsten machte sich natürlich trotzdem an den Abstieg und rief mehrmals »Nun komm doch!« Ich zeigte ihm einen Vogel und setzte mich unter einem Baum in den Schatten. Soll er doch machen, dachte ich. Zum Glück hatte ich ein Buch dabei.

Eine Stunde später fiel Torsten plötzlich keuchend neben mir in den Sand. Sein Gesicht war rot und überhitzt, das Wasser lief ihm am ganzen Körper in Strömen herunter. »Du musst einen Arzt holen!«, keuchte er und jagte mir damit einen Riesenschreck ein. »Was ist denn los?« Ich fühlte seine heiße Stirn und hielt ihm die Wasserflasche an den Mund. »Da hat einer einen Herzinfarkt!« Er deutete aufgeregt auf den Abhang. »Der braucht einen Arzt, nicht ich!«

Ich lief los, um Hilfe zu holen. Nach 50 Metern sah ich eine Frau in Uniform, eine Angestellte des Nationalparks. Das Wort *»Heartinfarkt«* schien sie nicht zu verstehen. Ich streckte meinen Arm in Richtung Düne und sagte *»Man«* und *»Heart«* und imitierte einen Herzinfarkt. Das verstand sie! Während sie mit mir in Richtung Abhang eilte, forderte sie per *Walky Talky* einen Krankenwagen an.

Als wir bei Torsten ankamen, dachte sie, dass er der Mann mit dem Herzinfarkt sei. Kein Wunder, so wie er aussah, schwitzend und hochrot im Gesicht im Sand liegend. Sie wollte ihn am Aufstehen hindern und drückte ihn mit den beruhigenden Worten *»Help is on the way!«* zurück in den Sand. Torsten wehrte ab und einige Leute blieben stehen, um zu sehen, was da los war.

»Man! Heart!«, sagte ich erneut und begann, die Uniformierte weiter in Richtung Abhang zu ziehen. Zuerst war sie verwirrt, dann aber verstand sie. In einiger Entfernung konnte man schon die Sirene eines Krankenwagens hören. Torsten hatte sich aufgerappelt und war uns gefolgt. Die Leute, die zuvor schon stehen geblieben waren, ebenfalls. Torsten eilte auf einen Mann zu, der gerade mühsam die letzten Meter herauf geklettert kam. *»This man needs help«*, rief uns Torsten zu. Der Mann lachte.

»Merkwürdig«, dachte ich, »Wenn ich einen Herzinfarkt hätte, würde ich bestimmt nicht lachen.« Die Parkangestellte begann mit dem Mann zu sprechen. Er lachte wieder und schien abzuwinken. Die Frau sprach eilig in ihr *Walky Talky*, und während wir hörten, wie die näher kommende Krankenwagensirene abgewürgt wurde, wandte sie sich an uns: *»This gentleman is fine! He has heartburn, not a heart attack!«*

Was ist diesmal schiefgelaufen?

Wer einmal die 140 Meter hohe Steilküste an den *Sleeping Bear Dunes* (www.sleepingbeardunes.com) und die Leute, die sich dort in der Sommerhitze hoch quälen, gesehen hat, wäre nicht überrascht, sollte dort jemand tatsächlich einen Herzinfarkt erleiden.

Allerdings ist *heartburn*, auch wenn es sich gefährlich anhört, nichts weiter als ein starkes Sodbrennen. Darf man der amerikanischen Fernsehwerbung für die entsprechenden Medikamente glauben, ist chronisches Sodbrennen *(Acid Reflux Disease)* in den USA eine bedeutende Volkskrankheit, so wie auch Schlaf- und Potenzstörungen und ruhelose Beine *(Restless Leg Syndrome)*.

Anders als die Deutschen fürchten sich die Amerikaner allerdings nicht vor Zugluft (diese wird von ihnen komplett ignoriert), haben noch nie etwas von einem schwachen Kreislauf gehört und scheinen auch nur selten eine Blasenentzündung zu bekommen. Letzteres liegt wahrscheinlich daran, dass sie eine Unmenge Wasser trinken, da ihnen permanent eingetrichtert wird, dass man täglich mindestens acht Gläser davon trinken soll.

Der englische Begriff für Herzinfarkt ist übrigens *heart attack*. Die Notrufnummer in den USA lautet 911, ganz gleich ob man einen Rettungswagen, die Polizei oder die Feuerwehr rufen will. In medizinischen Notfällen wird man von den Sanitätern eines medizinischen Rettungsdienstes oder der Feuerwehr erstversorgt und dann in der Notaufnahme des Krankenhauses von einem Arzt behandelt. Mobile Notärzte und Hausbesuche sind nicht üblich.

26 VERWIRRTE FAHRRADFAHRER

6. AUGUST, MACKINAC ISLAND, MICHIGAN

Susanne | Heute übernachten wir auf Mackinac Island, einer malerischen Insel im Huronsee. Von unserem Zimmer im *Grand Hotel*, dessen 200 Meter lange Hotelterrasse angeblich die längste der Welt ist, können wir die riesige Hängebrücke sehen, die den Süden und den Norden von Michigan verbindet. Morgen werden wir über diese Brücke fahren. Unseren Mietwagen mussten wir auf dem Festland lassen, denn auf Mackinac Island gibt es keine Autos, nur Pferdefuhrwerke. Um auf die Insel zu kommen, mussten wir mit einem der vielen kleinen Schiffe fahren, die zwischen Mackinaw City und der Insel hin und her rasen. Trotz der vielen Menschen an den Anlegestellen warteten wir gar nicht lange, denn es fuhr alle paar Minuten ein Schiff los. Drei Unternehmen schienen sich einen erbitterten Konkurrenzkampf um die Passagiere zu liefern.

Die Überfahrt dauerte ungefähr 20 Minuten und war sehr schön, denn der Himmel war strahlend blau. Wir kamen uns ein bisschen wie Sommerfrischler in den Zwanzigerjahren vor, als wir uns der Insel näherten und zuerst das weiß gestrichene Hotel mit der langen Terrasse und den vielen Säulen und dann ein malerisch in einer Bucht gelegenes Städtchen entdeckten. Über den Häusern erhob sich auf einem Berg eine gigantische Festungsanlage. In der Hafengegend waren so viele Menschen zu Fuß, auf Fahrrädern und auf Pferdefuhrwerken unterwegs, dass man kaum durchkam. Die Pferde konnten einem wegen der Hitze echt leidtun, mussten sie doch jeweils zu zweit einen Wagen mit ungefähr 20 Menschen ziehen. Aber auch zum Anliefern von Waren und Müll abholen waren Pferdefuhrwerke unterwegs.

Zum Hotel gingen wir eine Allee mit großen alten Bäumen hinauf, die nicht nur wunderschön aussah, sondern uns noch authentischer in ein anderes Zeitalter versetzte. Die Kutschen vor dem Sommerhotel, die vielen Blumen, der herrliche Sonnenschein – einfach schön! Im Park vor dem Hotel fand gerade eine Trauung statt. Hier hätte ich mir unsere Hochzeit auch vorstellen können. Unser Zimmer war ebenso altmodisch ausgestattet, das passte natürlich, angesichts des Preises hätte ich aber doch etwas mehr Luxus erwartet. Wir konnten uns das Zimmer auch nur wegen des günstigen Umtauschkurses leisten. Torsten hatte bei der Buchung noch rumgemault, von wegen Geldverschwendung und so, aber ich meinte, dass es doch schön sei, mal was Romantisches zu machen – auch wenn's ein wenig mehr kostet.

Später sind wir rauf zur Festung, die 1780 von den Engländern gebaut wurde, um die Durchgangspassage vom Huronsee zum Michigansee mit Kanonengewalt unter Kontrolle zu haben. So stand es jedenfalls auf einem Schild. Die ganze Anlage ist sehr schön hergerichtet, man kann auf den Festungsmauern herumlaufen, einige Gebäude besichtigen und Statisten beobachten, die in historischen Uniformen einen Appell oder eine Schießübung nachspielen. Für Kinder – und für Torsten – ist das natürlich was. Was mir besonders gefallen hat, war die Restaurantterrasse mit Ausblick über die kleine Stadt, auf die Bucht mit dem tiefblauen Wasser und eine Insel in der Nähe, die anscheinend völlig unbewohnt ist.

Torsten hat dann beim Essen richtig reingehauen – diesmal sogar ohne irgendwelche Missverständnisse und Peinlichkeiten. Glaube ich. Bei der anschließenden Fahrradfahrt rund um die Insel hätte sich Torsten allerdings beinahe den Hals gebrochen. Da ist er nämlich fast mit einem anderen Fahrradfahrer frontal zusammengestoßen.

Das war so: Wir hatten gerade erst die Fahrräder gemietet und fuhren an einer schönen Parkanlage entlang, als Torsten an einem Laden auf der anderen Straßenseite anhalten wollte, um Eis zu kaufen. Dort kam uns ein älterer Fahrradfahrer entgegen, der seinen linken Arm anhob. Torsten nahm an, dass der Mann nach links abbiegen wollte. Er bog aber nach rechts ab, die beiden kamen sich ins Gehege, Torsten geriet zwischen den anderen Fahrradfahrer und den Bordstein und fiel seitlich auf den Gehweg. Er fluchte, hörte dann aber gleich damit auf, als er merkte, dass der andere Fahrradfahrer sehr besorgt war und sich entschuldigen wollte. Zum Glück war ja auch niemand verletzt worden. Allerdings murrte Torsten während der kleinen Radtour um die Insel noch mehrmals, dass alte, verwirrte Leute nicht Rad fahren sollten.

Torsten | Stimmt! Da zeigt der an, dass er nach links fahren möchte und dann fährt er nach rechts. Damit gefährdet er sich und andere. Und Klingeln scheinen die Amerikaner auch nicht zu kennen. Unsere Fahrräder hatten jedenfalls keine. Aber Helme tragen sie hier alle. Na, die brauchen sie auch bei den Fahrkenntnissen!

Was ist diesmal schiefgelaufen?

Viele Fahrradfahrer in den USA zeigen ein geplantes Abbiegen, ob nach rechts oder links, mit dem linken Arm an: Wenn sie den Arm heben, wollen sie nach rechts, und wenn sie ihn ausstrecken, werden sie nach links abbiegen. Das kann natürlich bei Verkehrsteilnehmern, die das nicht wissen, z. B. wenn sie wie Torsten und Susanne aus einem anderen Land kommen, zu gefährlichen Missverständnissen führen. Der ältere Radfahrer, mit dem Torsten zusammenstieß, war also keineswegs verwirrt, sondern zeigte sein geplantes Abbiegen in landesüblicher Manier an. Auch Moped- und

Motorradfahrer benutzen diese Methode, falls die Blinker an ihren Fahrzeugen nicht funktionieren. Auch von anderen Verkehrsteilnehmern wird ein Richtungswechsel hin und wieder auf diese Weise angezeigt, z. B. wenn sie mit Pferdewagen, landwirtschaftlichen Fahrzeugen oder Baumaschinen unterwegs sind.

Die fehlenden Klingeln gleichen amerikanische Fahrradfahrer, wie schon weiter vorne beschrieben, oft durch Zurufe aus. Wenn sie z. B. von hinten an andere Fahrradfahrer oder Fußgänger herankommen, mit denen sie sich einen Rad- und Wanderweg teilen, rufen sie *»On your left!«* oder *»On your right!«*, je nachdem auf welcher Seite sie überholen wollen. Nicht jeder reagiert geistig schnell genug, deshalb sollten Sie als Radfahrer auf jeden Fall vorsichtig überholen und unter Umständen auch die Fahrt verlangsamen. Höflichkeit und Rücksichtnahme werden in den USA generell großgeschrieben.

Mackinac und Mackinaw

Michigan besteht aus zwei großen Halbinseln. Die untere Halbinsel heißt *Lower Peninsula*, die obere Halbinsel, die *Upper Peninsula*, wird von den Menschen in Michigan kurz *U.P.* genannt. Die *Upper Peninsula* grenzt im Westen an Wisconsin und ist ansonsten vollständig von den Großen Seen umgeben. Die *Lower Peninsula* grenzt im Süden an Ohio und Indiana und liegt ebenfalls inmitten der *Great Lakes*. Verbunden werden die beiden Halbinseln durch die *Mackinac Bridge*, die eine der längsten Hängebrücken der Welt ist. Die Distanz zwischen den Ufern beträgt 8.039 Meter und die Spannweite zwischen den beiden Pylonen 1.158 Meter. Die Brücke wurde Mitte der Fünfzigerjahre erbaut.

Ortsfremde wundern sich immer wieder über die unterschiedliche Schreibung von *Mackinac Bridge*, *Mackinac Island* und *Mackinaw City*. *Mackinac* ist die Schreibung, die ursprünglich von den französischen Siedlern verwendet wurde, *Mackinaw* die der englischen Siedler. So kann man an der Schreibung sehen, dass die

Machtbereiche der Franzosen und Engländer an diesem strategisch wichtigen Ort Michigans direkt aufeinander trafen. Die Aussprache ist übrigens in beiden Fällen gleich: *meckinah*. Das Wort stammt aus der Sprache der *Chippewa*-Indianer und war, so wird angenommen, ursprünglich *Mish-i-nim-auk-in-ong*, das die ersten französischen Missionare als *Mich-i-li-macki-in-ac* aussprachen und im Laufe der Zeit auf den zweiten Wortteil verkürzten. Über die Bedeutung des Wortes streiten die Gelehrten, aber es gilt als am wahrscheinlichsten, dass es »Land der Mishinimaki« bedeutet. Die Mishinimaki waren der Stamm, der *Mackinac Island* ursprünglich bewohnt haben soll.

WUSSTEN SIE SCHON, DASS

- der Name des Staates Michigan aus der Sprache der amerikanischen Ureinwohner kommt? *Michigana* bedeutet »Großer See«.
- Michigan, einschließlich Detroit, bis Ende des 18. Jahrhunderts von den britischen Kolonialherren zur kanadischen Provinz Ontario gerechnet wurde?
- Michigan im Jahre 1835 nur 6.000 Einwohner hatte? Heute leben im *Great Lakes State* rund zehn Millionen Menschen.
- es in Michigan über acht Millionen Apfelbäume gibt? Die beliebtesten Apfelsorten sind *Red Delicious, Golden Delicious* und *Jonathan*.
- die Großen Seen ein Fünftel des Oberflächen-Süßwassers unseres Planeten enthalten?
- der Michigansee 494 Kilometer lang und 190 Kilometer breit ist?
- die 5.292 Kilometer messende Küste Michigans inmitten der Großen Seen umgangssprachlich *Third Coast* genannt wird? Michigan hat die längste Küste aller Bundesstaaten, die als *lower 48 states* bezeichnet werden, d. h. alle Staaten außer Alaska oder Hawaii.

27 IM PARADIES

7. AUGUST, PARADISE, MICHIGAN

Torsten | Heute sind wir im Paradies angekommen, genauer gesagt in dem kleinen Ort *Paradise* auf der nördlichen Halbinsel von Michigan. Michigan besteht bekanntlich aus zwei Halbinseln inmitten der großen Seen. Mark hatte uns schon am ersten Abend gezeigt, wie die Einwohner von Michigan sich gegenseitig die geografische Lage bestimmter Orte zeigen. Sie halten beide Hände hoch, die Handflächen dem Gegenüber zugewandt, die eine Hand mit den Fingerspitzen nach oben zeigend und die andere Hand etwas darüber, mit den Fingerspitzen zur Seite zeigend und die anderen Fingerspitzen fast berührend. Wenn man auf die Karte schaut, sieht Michigan vom Grundriss tatsächlich fast so aus, wie die auf diese Weise gehaltenen Hände. Die untere Hand symbolisiert die untere Halbinsel und die Hand darüber die obere Halbinsel. Auf der jeweiligen Hand deuten sie dann auf den Punkt, wo sie wohnen, zum Camping fahren oder wo ihr Wochenendhaus steht.

Die Obere Halbinsel, wo wir jetzt sind, scheint in erster Linie als Feriengebiet im Sommer zu dienen und ist im Winter wahrscheinlich ziemlich unterbevölkert. Mark hatte gesagt, dass es hier viel Wald, Wasserfälle und Bären gibt, und hat uns die besten Stellen auf seiner Hand gezeigt. Um von der unteren auf die obere Hand zu gelangen, muss man über eine riesige Hängebrücke fahren. Sie überbrückt die acht Kilometer, die zwischen den beiden Halbinseln liegen. In beide Richtungen gibt es zwei Spuren, von denen jeweils eine aus Metallgittern besteht. Ich weiß nicht, ob irgendwas mit unseren Reifen nicht stimmte, aber als ich auf die Gitter fuhr, fühlte sich das wie Glatteis an. Ich habe mich ganz schön erschrocken und bin gleich wieder zurück auf die Asphaltspur.

Die ersten zwei, drei Kilometer der Brücke waren eine über das Wasser führende Rampe, erst dann erreichten wir den ersten der beiden riesigen Pylonen, an denen der mittlere Brückenteil mit dicken Stahlseilen aufgehängt ist. Da dort irgendwelche Bau- oder Wartungsarbeiten stattfanden, war die Asphaltspur gesperrt, was uns zurück aufs Glatteis führte. Ich verringerte automatisch die Geschwindigkeit, was es nicht nur schlimmer zu machen schien, sondern den Fahrer hinter uns sichtlich ungeduldig werden ließ. Als dieser immer dichter an uns heranfuhr und wohl nicht verstehen konnte, dass ich lieber etwas vorsichtiger fahren wollte, platzte mir der Kragen. Kurz vor Ende der Baustelle hob ich unmissverständlich meinen Mittelfinger! Als die Baustelle zu Ende und ich wieder auf dem sicheren Asphalt war, fuhr der Drängler eine Zeit lang neben uns her und starrte mich wütend an, bevor er aufs Gaspedal trat und davonraste. So ein Idiot!

Am Ende der Brücke angekommen, sahen wir Schilder mit der Aufschrift *Stop Ahead Pay Toll* und dann *Toll Plaza*. Wir hatten keine Ahnung, was das sollte, sahen aber kurz danach kleine Häuschen neben den einzelnen Spuren. Wir fädelten uns ein und lasen auf den Schildern, dass wir nun anscheinend zwei Dollar bezahlen mussten. Warum, das konnten wir uns nicht wirklich erklären, wir hatten die Brücke im Prinzip ja schon hinter uns gelassen. Musste man etwa eine Gebühr bezahlen, wenn man auf die Obere Halbinsel wollte? Ich rollte an das Kassiererhäuschen heran und erkundigte mich danach – die Kassiererin sah mich aber nur verständnislos an und verlangte zwei Dollar. Susanne drängte mich, einfach zu bezahlen, weil sich hinter uns schon der Verkehr staute. »Na toll«, sagte ich, und reichte die beiden Scheine ins Häuschen.

Die obere Halbinsel empfing uns mit einem superblauen Himmel und einigen Federwolken. Mark hatte uns empfohlen, hinter der Brücke nach rechts zu fahren, durch die kleine Stadt St. Ignace hindurch, hin zu einem Felsen namens *Castle Rock*, von dem aus man eine schöne Aussicht hätte. Das haben wir dann auch gemacht. Wir stiegen zahllose Stufen hinauf, um auf den Gipfel zu gelangen, aber für die tolle Aussicht auf die Stelle, wo der Michigansee und der Huronsee zusammenfließen, hat sich das Treppensteigen wirklich gelohnt!

Von dort ging's nach *Paradise*, das aus einigen einfachen Häusern bestand und am Oberen See lag. »Paradies« war allerdings wirklich stark übertrieben. Das einzige Hotel im Ort war aber recht modern, und das Zimmer, das uns von der netten Rezeptionistin zugeteilt wurde, hatte einen Balkon, von dem aus wir den schönen Ausblick auf das Wasser genießen konnten. Wir beschlossen, sofort die Gegend zu erkunden und noch einige Meilen weiter nach Norden zu fahren. Dort gab es einen Leuchtturm, ein Museum und einen breiten Sandstrand, der unser eigentliches Ziel war – Susanne wollte unbedingt mit den Füßen ins Wasser. Gerade angekommen, stürmte sie aus dem Auto, rannte zum Wasser und zuckte erschrocken zusammen, als ihre nackten Füße das anscheinend eiskalte Wasser berührten. Wohl auch deshalb war der Strand erstaunlich schlecht besucht ...

Nach dieser ungewollten Abkühlung fuhren wir noch zu Wasserfällen mit dem schwer auszusprechenden Namen *Tahquamenon Falls*, die Mark uns ebenfalls empfohlen hatte – und deren Besuch sich auch gelohnt hat! Ein richtiger Wasserfall ist eigentlich nur der *Upper Falls*, der mitten im Wald liegt und dessen Wasser braun gefärbt ist. Ansonsten sieht er aus wie eine kleinere Version der Niagarafälle, so richtig breit, hoch und mit Unmengen Wasser, die herunterfließen. Man kann von hoch oben im Wald schauen und auch eine Treppe zu einer hölzernen Aussichtsplattform hinuntergehen, die direkt am Wasserfall liegt. Die *Lower Falls* sind eigentlich mehr oder weniger Stromschnellen, die beidseitig an einer bewaldeten Insel vorbeifließen. Um dorthin zu gelangen, konnte man Ruderboote ausleihen – das haben wir natürlich auch gemacht, ebenso wie eine kurze Wanderung auf der Insel.

Auf dem Weg zurück ins Hotel ist uns fast noch ein Reh ins Auto gelaufen, zusätzlich wären wir mit dem Idioten, der aus der anderen Richtung kam und dem Reh ausweichen wollte, beinahe zusammengestoßen. Grandios, die Amerikaner im Straßenverkehr!

Was ist diesmal schiefgelaufen?

Zunächst einmal sollte man obszöne Gesten beim Autofahren und auch sonst unterlassen. Man kann nie wissen, an wen man gerät und ob diese Person möglicherweise eine Waffe mit sich führt. Das gilt insbesondere für den allbekannten Stinkefinger.

Das Befahren der *Mackinac Bridge* ist gebührenpflichtig, da die Instandhaltung der riesigen Brücke sehr teuer ist. Statt die Steuerzahler damit zu belasten, werden die Kosten von den unmittelbaren Nutznießern dieser Brücke getragen. Bevor die Brücke gebaut wurde, war man nämlich auf Fähren angewiesen. In der Hochsaison musste man manchmal bis zu 24 Stunden auf eine Überfahrt warten. Im Winter wurde der Fährbetrieb oft wegen Eises eingestellt. Die Gebühren für den jetzigen Brückenkomfort werden für beide Richtungen nur an der Nordseite der Brücke abkassiert. Wer von Süden kommt, bezahlt daher erst nach dem Überfahren. Es handelt sich also nicht um ein Eintrittsgeld für die Obere Halbinsel, wie Torsten kurz spekuliert hatte.

Aber nicht nur an manchen Brücken werden derartige Gebühren erhoben, sondern auch für das Befahren von sogenannten *toll roads*. Das sind privat finanzierte Autobahnen, die an verschiedenen Stellen ein Entgelt *(toll)* verlangen. Dies kann an der Auffahrt, beim Verlassen oder auch mittendrin der Fall sein. An vielen *toll roads* nimmt man anfangs einen Ausdruck und bezahlt erst, wenn man ausfährt. Neben Kassierern gibt es meistens auch automatische Kassen, an denen man passendes Kleingeld einwirft.

Beim Herausfahren aus der Kassenzone ist besondere Vorsicht geboten. Da herrscht oft völliges Chaos, denn es gibt nicht selten um die zehn Kassen, aus denen die Autos wie Rennpferde aus ihren Starterboxen herausgeschossen kommen und sich in kürzester Zeit auf zwei bis drei Spuren einordnen müssen. Schauen Sie aufmerksam nach links und rechts, ob Autos in die gleiche Spur wie Sie wollen. Verlassen Sie sich nicht auf Ihre Spiegel, da sich gerade hier Autos im toten Winkel befinden können.

UNFALLGEFAHR DURCH REHE

In Sachen Wildwechsel sollte man natürlich auch aufmerksam sein und insbesondere in der Morgen- und Abenddämmerung auf Rehe achten, wenn man durch Wälder oder Felder hindurchfährt. Immerhin gibt es in den USA jedes Jahr circa 1,5 Millionen Unfälle mit Rehen, bei denen rund 200 Menschen ums Leben kommen. Die meisten Autofahrer sterben, wenn sie versuchen, den Rehen auszuweichen, dann die Kontrolle über ihre Fahrzeuge verlieren und mit entgegenkommenden Autos kollidieren bzw. von der Fahrbahn abkommen und sich überschlagen. Ein direkter Zusammenstoß mit einem Reh ist dagegen in der Regel weit weniger folgenschwer, zumindest für die beteiligten Menschen. Michigan ist einer jener Staaten, in denen es besonders viele Unfälle mit Rehen gibt.

Der »Krieg« zwischen Michigan und Ohio

An dieser Stelle ein kurzer Ausflug in die amerikanische Geschichte, der erklärt, warum Michigan aus zwei Halbinseln besteht: 1787 wurde die Südgrenze von Michigan, das damals noch kein Staat, sondern ein sogenanntes *Territory* war, vom Südufer des *Lake Mi-*

chigan bis zum Südufer des *Lake Erie* gezogen. Allerdings war die verwendete Karte ungenau und entfachte einen Streit zwischen Michigan und Ohio, wem das Land zwischen der Mündung des Flusses *Maumee* in den *Lake Erie* und dem Gebiet der heutigen Stadt Toledo gehört.

1833 beantragte Michigan, den Status eines Staates zu erhalten. (Ohio war bereits seit 1803 ein US-Bundesstaat.) Der Streit um das erwähnte Land brach nun offen aus. 1835 versuchte Michigan, mit Ohio zu verhandeln. Der Gouverneur von Ohio, Robert Lucas, lehnte jedoch jeden Kompromiss ab, denn Ohio wollte sich den Zugang zum *Lake Erie* sichern. Stevens T. Mason, der von Präsident Andrew Jackson im Alter von 22 Jahren zum Gouverneur von Michigan ernannt wurde, reagierte mit der Entsendung der Bürgerwehr in den als *Toledo Strip* bekannten Landstreifen.

Im April 1835 sah nun alles nach einer Schlacht zwischen den Bürgerwehren von Michigan und Ohio aus. Jedoch irrten beide »Armeen« eine Woche lang durch die Sümpfe im Norden Ohios, ohne einander zu finden. Die Schlacht fiel aus. Das einzige Blut wurde vergossen, als die Bürgerwehr von Michigan Benjamin Franklin Stickney, Major der Ohio-Truppen, verhaftete und an sein Pferd gebunden in Richtung Gefängnis in Michigan transportierte. Verärgert über die beleidigende Behandlung seines Vaters stach Major Stickneys Sohn, dessen Name *Two* war (sein Bruder hieß *One*), Sheriff Joseph Wood mit dem Bajonett in die Hüfte.

Obwohl Michigan mit dem Anspruch auf das Land im Recht war, unterstützte Präsident Jackson jedoch Ohio. 1837 wurde Michigan dann unter der Bedingung des Verzichts auf den *Toledo Strip* zum Bundesstaat erklärt. Als Entschädigung erhielt Michigan die *Upper Peninsula*, die Obere Halbinsel. Obwohl es damals nicht so aussah, wissen die Einwohner von Michigan heute ganz eindeutig, dass sie durch den Zuspruch des schönen und vor allem rohstoffreichen Gebietes im Norden die eigentlichen Gewinner im sogenannten *Toledo War* waren.

STATE PARKS – DIE KLEINEN GESCHWISTER DER *NATIONAL PARKS*

Eine ganze Reihe von *national parks* in den USA, wie der *Grand Canyon National Park* und der *Yellowstone National Park*, sind in der ganzen Welt bekannt und ziehen jedes Jahr Millionen Touristen aus Nah und Fern an. Ein Geheimtipp für ausländische Touristen sind dagegen oft die *state parks*, d.h. die Naturschutzgebiete, die von den einzelnen Bundesstaaten unterhalten werden.

Von diesen gibt es mehr als 7.800, und viele sind ebenfalls von ungemeiner Schönheit, z.B. *Palo Duro Canyon State Park* in Texas, *Fall Creek Falls State Park* in Tennessee, *Hocking Hills State Park* in Ohio, *Custer State Park* in South Dakota und *Antelope Valley California Poppy Reserve*. Auch die von Torsten und Susanne besuchten *Tahquamenon Falls* befinden sich in einem *state park*.

Die *state parks* sind in der Regel kleiner als die *national parks*, ihre Wanderwege summieren sich aber trotzdem auf rund 40.000 Meilen. Besucht werden die *state parks* überwiegend von Menschen aus der Region, die einen Tagesausflug machen oder übers Wochenende auf einem der Campingplätze bleiben, die oft Bestandteil eines *state parks* sind. Man kann aber auch auf Urlauber treffen, die längere Zeit mit dem Zelt oder Wohnmobil unterwegs sind. An Wochentagen geht es in vielen *state parks* recht beschaulich zu, aber auch am Wochenende sind sie meistens nicht so überlaufen wie die *national parks*.

28 BÄREN UND BULLEN

8. AUGUST, FRANKENMUTH, MICHIGAN

Torsten | Im Hotel in Paradise wurden wir durch ein kleines Faltblatt auf *Oswald's Bear Ranch* aufmerksam. Hierbei handelte es sich um ein großes Wildgehege für Schwarzbären. Da wir Bären bisher nur aus dem Zoo kannten, wollten wir da auf unserer Fahrt zurück in Richtung Süden unbedingt mal vorbeischauen. Die *Bear Ranch* lag zwar nicht auf dem direkten Weg, den kleinen Umweg nahmen wir aber gerne in Kauf. Die Fahrt führte uns durch eine stark bewaldete Gegend, in der es so gut wie keine anderen Verkehrsteilnehmer gab. Wir fanden einen guten Musiksender, lehnten uns in unseren Sitzen zurück und genossen die entspannte Fahrt durch die Einsamkeit.

Als wir gemütlich in eine kleine Ortschaft hinein brausten, sah ich am Straßenrand ein Polizeiauto in entgegengesetzter Fahrtrichtung stehen. Als wir daran vorbeikamen, setzte es sich gleich in Bewegung, drehte mitten auf der Straße um und folgte uns mit angestelltem Blaulicht. Da ich nicht gleich anhielt, ließ der Polizist kurz die Sirene aufheulen. Ich fuhr also rechts ran und packte die Hände aufs Lenkrad, wie sich's gehört. Susanne stöhnte nur: »Nicht schon wieder!« Der Freund und Helfer kam, verlangte meine Papiere, ging zurück zu seinem Wagen und kehrte nach ein paar Minuten mit dem Strafzettel zurück: 85 Dollar, weil wir 15 Meilen pro Stunde zu schnell gefahren waren. In Gedanken begann ich, alle unsere Strafzettel zusammenzurechnen ...

Als ich nach hinten griff und meine Jacke mit der Brieftasche darin vom Rücksitz nehmen wollte, deutete der Polizist auf die Weinflasche, die darunter lag, und sagte irgendwas von *open container*. Ohne Warnung öffnete er daraufhin einfach die Tür und griff nach der Flasche. Konnte der uns denn einfach unseren Wein wegnehmen? Man hatte ja schon so einiges von der amerikanischen Polizei gehört, ich wollte trotzdem nicht alles mit mir machen lassen – und zumindest eine Erklärung haben. Meinen zum gleichen Zeitpunkt gefassten Entschluss, für diese Unterhaltung aus dem Auto auszusteigen, bereute ich aber sogleich.

Als ich nämlich halbwegs aus dem Auto raus war, griff der Bulle meinen Arm und drückte mich brutal gegen den Wagen. Ich spürte etwas Kaltes an meinem Handgelenk, dann riss er auch meinen anderen Arm nach hinten. Als ich an dem anderen Handgelenk ebenfalls kaltes Metall spürte, wurde mir schlagartig klar: Der Typ hatte mir doch tatsächlich Handschellen angelegt! Das konnte doch wohl nicht wahr sein! Der Polizist redete auf mich ein – ich hatte keine Ahnung, was er von mir wollte. Las er mir etwa meine Rechte vor, so wie im Film? Ich überlegte blitzschnell, was das alles zu bedeuten hatte. Der Bulle schrie Susanne an, die auch aussteigen wollte. Sie blieb sitzen und ich sah Tränen in ihren vor Schrecken weit aufgerissenen Augen.

Der Polizist führte mich zu seinem Wagen, und ich musste mich auf den Rücksitz kauern. Beim Einsteigen drückte er meinen Kopf unsanft herunter. Er nahm auf dem Fahrersitz Platz und sprach mit jemandem über Funk. Das Ganze war irgendwie total unwirklich, und ich fragte mich ernsthaft, ob ich nicht einen Albtraum hatte. Aber nein, ich saß wirklich mit Handschellen gefesselt auf der Rückbank eines amerikanischen Polizeiautos. Keine zwei Minuten später hielt hinter uns ein anderer Streifenwagen, ebenfalls mit angestellten Warnlichtern.

Ja, was war denn nun los? Meinten die etwa, dass ihnen gerade ein lang gesuchter Schwerverbrecher ins Netz gegangen war? Der zweite Polizist musterte mich, wechselte ein paar Worte mit seinem Kollegen und nahm mir dann die Handschellen wieder ab. Ich rieb mir die Handgelenke, meine Schulter tat auch weh. Als ich in ein Alkoholtestgerät blies und der Test negativ ausfiel, schienen die beiden Bullen enttäuscht. Trotzdem schrieben sie mir einen weiteren Strafzettel aus. 100 Dollar wegen der Flasche im Auto, obwohl ich nichts getrunken hatte! Das ist doch der helle Wahnsinn, dass man für eine Flasche Wein auf dem Rücksitz derart behandelt und bestraft wird. Was sind denn das hier für merkwürdige Gesetze? Nachdem ich bezahlt hatte, ließen sie mich gehen. In der nächsten Ortschaft hielten wir bei einem Restaurant an – und ich trank zur Beruhigung und zum Trotz erst einmal ein großes Bier. Aus Sicherheitsgründen fuhr dann aber natürlich Susanne weiter.

Dieses Erlebnis hatte uns den Tag und den Besuch der *Bear Ranch* so richtig vermiest. Trotzdem war es recht interessant, die Bären in ihrer natürlichen Umgebung zu sehen. Man konnte im Wald einen Zaun entlangwandern, hinter dem hin und wieder zwei, drei Bären aus den Büschen geprescht kamen und schnell wieder verschwanden. Ehrlich gesagt möchte ich so einem Vieh nicht im Wald begegnen. Unsere Wildschweine sind Kuscheltiere im Vergleich zu denen.

Susanne | So hatte ich mir unseren Urlaub nicht vorgestellt. So ein Theater wegen einer Flasche Wein, die zudem fast leer war. Aber Torsten will ja nie etwas verschwenden und bestand darauf, die Flasche mitzunehmen. Dass er dann aus dem Auto ausstieg, war natürlich wirklich dämlich, zumal er doch angeblich so gut Bescheid weiß, wie man sich verhalten soll, wenn man von der amerikanischen Polizei angehalten wird. Aber das mit den Handschellen war doch nun wirklich total übertrieben. Was wäre denn geschehen, wenn Torsten verhaftet worden wäre? Kaum zu glauben, dass die so mit Touristen umgehen. Ich bin wirklich froh, dass wir nicht in so einem Polizeistaat leben.

Jetzt sind wir in Frankenmuth, einer kleinen Stadt in der Mitte von Michigan angekommen, wo wir heute übernachten und morgen erst einmal so richtig ausschlafen werden. Frankenmuth ist übrigens im bayerischen Stil herausgeputzt – und unser Hotel heißt *Bavarian Inn* und sieht aus wie ein überdimensionaler Alpengasthof, allerdings mitten im Flachland.

Was ist diesmal schiefgelaufen?

Polizisten, die es auf Geschwindigkeitssünder abgesehen haben, parken ihre Autos oft so, dass sie als Polizeiautos nur schlecht erkennbar sind, z. B. entgegen der Fahrtrichtung, etwas versteckt am Straßenrand oder auf dem Mittelstreifen von Autobahnen. Oft sieht man sie dann zu spät und hat keine Zeit mehr zum Bremsen. Die örtlichen Polizeiverwaltungen wissen genau, welche Stellen im Gelände sich zu diesem Zweck optisch am besten ausnutzen lassen. Besondere Vorsicht ist auch beim Einfahren in kleine Ortschaften geboten, da sich das Geschwindigkeitslimit dort oft drastisch und abrupt verringert.

Einheimische Autofahrer kennen diese Geschwindigkeitsfallen. Durchreisende Autofahrer handeln sich deshalb am ehesten Strafzettel ein. Passen Sie auch auf, wenn Sie auf einer Autobahn über eine Anhöhe fahren, da die Polizei oft dahinter wartet. Besonders nachts halten die Polizisten mit Vorliebe Verkehrssünder aller Art an, um sich die meist langweiligen Stunden etwas interessanter zu gestalten. Zudem sind die Strafgebühren eine wichtige Einnahmequelle der örtlichen Polizeiabteilungen. Es wird also von den Polizisten erwartet, dass sie eine mehr oder weniger bestimmte Anzahl an Verkehrssündern stellen. An einigen Orten scheint die Polizei besonders am Monatsende sehr aktiv zu sein, möglicherweise, weil die Einnahmequote noch nicht erfüllt wurde. Das wird von der Polizei natürlich bestritten, aber ihr Verhalten lässt oft nur diese Schlussfolgerung zu.

Erschwerend für durchreisende Autofahrer kommt hinzu, dass die Polizeiautos überall anders aussehen und man daher nie so richtig weiß, wonach man eigentlich Ausschau halten soll. Mal sind die Polizeifahrzeuge schwarz, mal sind sie weiß. Einige haben Lichter auf dem Dach, andere nicht. Die meisten Polizeiabteilungen haben PKW, manche aber auch Geländewagen. In der Regel ist natürlich in großen Buchstaben die Aufschrift *Police* an beiden Seiten des Polizeiautos angebracht, allerdings ist das nur schwer oder gar nicht zu sehen, wenn das Fahrzeug in Fahrtrichtung am Straßenrand steht.

Bitte beachten Sie auch, dass fast alle Bundesstaaten das Mitführen von geöffneten Alkoholbehältern *(open containers)* im Auto unter Strafe gestellt haben. Man muss also nicht beim Trinken erwischt werden, das bloße Vorhandensein einer geöffneten Flasche oder Dose im Fahrgastraum ist bereits strafbar. Deshalb sollte man z. B. geöffnete Weinflaschen grundsätzlich nur im Kofferraum transportieren.

Mississippi ist übrigens der einzige Bundesstaat, der Fahrzeugführern das Trinken im Auto erlaubt. Lediglich acht Staaten (Arkansas, Connecticut, Delaware, Mississippi, Missouri, Tennessee, Virginia und West Virginia) erlauben Passagieren, während der Fahrt Alkohol zu konsumieren. Hier kann es jedoch auf lokaler Ebene Verbote geben. Man ist also grundsätzlich gut beraten, in den ganzen USA im Auto nicht zu trinken und geöffnete Behälter mit Alkohol jeglicher Art im Kofferraum zu verstauen.

Die Promillegrenze in den USA hängt vom Alter der Fahrzeugführer ab. Für Fahrer über 21 Jahren liegt die Promillegrenze in allen Bundesstaaten bei 0,8 (in den USA wird diese Grenze als 0.08% geschrieben). Fahrer unter 21 Jahren müssen sich an ein absolutes Alkoholverbot halten. Es ist daher ratsam, vor dem Fahren überhaupt nicht zu trinken. Amerikaner wissen: Wer betrunken Auto fährt, wird in der Regel vorübergehend verhaftet und kann sich auf ein teures Gerichtsverfahren, hohe Geldstrafen und den Entzug des Führerscheins gefasst machen. Viele Leute bestimmen deshalb vor dem Besuch eines Restaurants oder einer Party, wer von ihnen als *designated driver* fungieren wird, also die anderen anschließend nach Hause fährt.

Wer von der Polizei angehalten wird, sollte auf keinen Fall unaufgefordert aussteigen. Da der Polizist nicht weiß, was Sie vorhaben, wird er in der Regel zur eigenen Sicherheit drakonisch reagieren, das heißt, er wird die Waffe ziehen oder Ihnen Handschellen anlegen. Ruhe und Besonnenheit ist also oberstes Gebot. Lassen Sie, wie schon gesagt, die Hände am Lenkrad, bis der Polizist Sie auffordert, Ihre Papiere auszuhändigen. Der Beifahrer sollte die Hände ruhig im Schoß liegen lassen und auf keinen Fall nach dem Handschuhfach, unter den Sitz oder in eine Tasche greifen. Sollte es mehr als zwei Insassen im Auto geben, wird der Polizist in der Regel Verstärkung anfordern, die dann die anderen Passagiere im Auge behält. Es kann also sein, dass ein Polizeiauto einige Minuten hinter Ihnen stehen wird, ohne dass der Polizist aussteigt. In diesem Fall hilft nur: abwarten.

Unangemessene Polizeibrutalität muss man übrigens nicht befürchten, da im Fahrzeug des Polizisten eine Kamera mitläuft, deren Aufnahmen vor Gericht als Beweismittel verwendet werden können. Wenn Torsten sich darüber beschwert, dass der Polizist seinen Kopf beim Einsteigen ins Polizeiauto unsanft heruntergedrückt hat, dann hat dieser das nur gemacht, damit Torsten sich nicht den Kopf am Türrahmen stößt.

POLIZEI IN DEN USA

Die Bundespolizei der Vereinigten Staaten ist das *Federal Bureau of Investigation (FBI)*. Das *FBI* befasst sich mit Verbrechen wie Spionage, Terrorismus, Drogenhandel sowie Gewalt- und Wirtschaftsverbrechen. Das *FBI* ist eine Kombination aus Polizei und Nachrichtendienst. Die Dienstwagen des *FBI* sind nicht als solche zu erkennen.

Jeder US-Bundesstaat unterhält eine Polizeitruppe, die hauptsächlich für die Ordnung auf den Autobahnen und für die Sicherheit der Regierung des jeweiligen Staates zuständig ist. Deren Polizeiautos sind in den meisten Staaten entweder durch die Aufschrift *State Police* oder *Highway Patrol* gekennzeichnet.

Fast jeder Verwaltungsbezirk *(county)* innerhalb der Bundesstaaten hat eine Polizei, die sich meistens um jene ländlichen Gegenden kümmert, die keine eigenen Polizisten haben. Außerdem werden örtliche Polizeiabteilungen unterstützt, insbesondere auf jenen Straßen, die von dem jeweiligen Verwaltungsbezirk unterhalten werden. Der Leiter dieser *County Police* ist in der Regel ein von der Bevölkerung gewählter Sheriff. Vielerorts steht auf allen Streifenwagen dieser Polizei das Wort *Sheriff*, ganz gleich ob der Sheriff am Steuer sitzt oder nicht.

Städte und größere Dörfer haben ihre eigenen Polizeiabteilungen. Auf den Streifenwagen steht das Wort *Police* und der Name der Stadt bzw. Gemeinde. Das *New York City Police Department (NYPD)* ist mit rund 40.000 Polizisten die größte lokale Polizei in den USA.

Viele Universitäten in den USA unterhalten ebenfalls Polizeikräfte, die sogenannte *Campus Police*, welche für die öffentliche Sicherheit auf den oft riesigen Uni-Geländen zuständig sind. Die Uni-Polizisten haben die gleichen Polizeischulen wie die Polizisten der Städte und Landkreise besucht, sind ebenfalls bewaffnet und fahren mit Streifenwagen umher, die sich kaum von den Fahrzeugen ihrer Kollegen unterscheiden, außer dass sie neben der Aufschrift *Police* oder *Public Safety* auch den Namen der Uni anzeigen und oft eine andere Farbe haben.

Tipps für den Gefängnisaufenthalt

Es ist kaum zu erwarten und natürlich nicht zu wünschen, dass Sie Tipps, wie man Fettnäpfchen in amerikanischen Gefängnissen vermeidet, jemals brauchen werden, aber man kann nie wissen, wie es einmal kommt, und da dieses Buch kaum ein Thema unberührt lässt, gibt es an dieser Stelle auch einige Hinweise, wie man sich als Neuankömmling in einem US-Gefängnis verhalten sollte.

Da der Autor zu diesem Thema (glücklicherweise) nicht aus eigener Erfahrung sprechen kann, stammen die folgenden Tipps aus einem Artikel in der Chicago Tribune, verfasst von Jeff Smith, der ehemals Senator im Bundesstaat Missouri war und der dann wegen einer Finanzaffäre hinter Gittern saß.

Hier die wichtigsten Tipps:

- Augen und Ohren offen halten, aber selber wenig reden. Erst einmal beobachten, wie alles funktioniert.

- Die anderen Insassen nicht fragen, warum sie im Knast sind.

- Nicht über die eigene Verurteilung klagen.

- Niemanden nach seiner Familie befragen. Das ist für viele Insassen ein wunder Punkt.

- Nicht über die Länge der eigenen Haftstrafe sprechen.

- Durch Sport fit halten. Vorsicht jedoch bei Mannschaftssportarten, dort kann es leicht zu »Unfällen« kommen.

- Nicht über die Arbeit im Gefängnis klagen. Die Mitgefangenen mögen kein Gejammer.

- An die Gefängnisregeln halten, aber unter keinen Umständen Mitgefangene verpfeifen. Auch nicht den Eindruck erwecken. Deshalb keine langen Gespräche mit den Wärtern. Und wegschauen, wenn man etwas Verbotenes sieht.

- Vorsichtig sein, was man zu anderen Gefangenen sagt. Diese könnten Spitzel sein.

- Nicht um Geld spielen. Das kann böse ausgehen, sowohl wenn man jemandem dann Geld schuldet als auch umgekehrt.

- Nichts zur Aufbewahrung annehmen.

- Hände weg vom Fernseher. Nur die ranghöchsten Gefangenen dürfen den Sender wechseln.

- Keine Wäsche von anderen Häftlingen aus dem Trockner nehmen. Da reagieren viele sehr gereizt.

- Niemanden anstarren. Blickkontakt vermeiden, wenn man nicht angesprochen ist.

- Keine Süßigkeiten essen, die man auf dem Bett findet bzw. als Geschenk bekommt. Das wird als Einwilligung zum Sex verstanden.

29 HÄHNCHENFEST

9. AUGUST, ANN ARBOR, MICHIGAN

Torsten | Heute Nachmittag waren wir bei einem großen Hähnchenessen. Das Ganze nannte sich *Chicken Broil* und fand in einer kleinen Stadt namens Manchester in der Nähe von Ann Arbor statt. Auf einem Sportplatz wurden dort, so informierte uns ein Schild, 14.000 halbe Hähnchen geröstet. Zu diesem Zweck hatte man Betonblöcke in langen Reihen hüfthoch aufgestapelt und Gitter darauf gelegt, auf denen die Hühnchen aufgespießt waren und die hin und wieder gewendet wurden. Darunter befand sich glühende Holzkohle, die den gesamten Platz ordentlich einqualmte. Die Männer, die mit dem Braten der Hühnchen beschäftigt waren, schwitzten wie verrückt.

Die Schlange am Eingang, wo wir pro Person neun Dollar zahlen mussten, war zwar lang, trotzdem ging es erstaunlich schnell voran. Der Kassierer war überaus freundlich und fragte uns, wo wir herkämen. Er war begeistert, dass wir aus Deutschland waren – und hatte natürlich auch wieder deutsche Vorfahren. Wir kauften uns jeder noch ein gelbes T-Shirt mit der Aufschrift *57th Manchester Chicken Broil* – das Broilerfest hatte also eine lange Tradition – und los ging's.

Wir mussten uns sogleich in eine weitere Schlange stellen, um unser Essen zu bekommen, das aus einem halben Hähnchen, einer

Art Brötchen sowie Krautsalat und einer kleinen Tüte mit Kartoffelchips bestand. Auf meine Frage, wo das Bier sei, antwortete Mark, dass es hier keines gäbe. Ich glaubte, dass er mich nur veräppeln wollte, zumal es eine Kapelle gab, die Lederhosen trug und deutsche Volksmusik spielte. Ich flitzte also los, um das Bierzelt zu finden, Susanne rief mir irgendwas hinterher. Ich lief gute zehn Minuten herum, ohne jemanden mit einem Bier zu sehen. Das gibt's doch nicht! Ein Volksfest ohne Bier? Diese Amis ...

Was ist diesmal schiefgelaufen?

Bei vielen Veranstaltungen in den USA, die familienfreundlich *(family friendly)* sind, bei denen also Kinder jeden Alters willkommen sind, gibt es keinen Alkohol zu kaufen. Man will so nicht nur verhindern, dass Minderjährige in Kontakt mit Alkohol kommen, sondern auch, dass es dort Betrunkene gibt. Auch am Strand oder in Parkanlagen ist das Trinken von Alkohol normalerweise verboten und wird mit erheblichen Strafgeldern geahndet.

Bei Veranstaltungen, wo Alkohol verkauft wird, muss man beim Betreten seine Fahrerlaubnis oder seinen Reisepass zeigen. Wenn man nachweislich alt genug zum Trinken ist, bekommt man einen Papierstreifen ans Handgelenk geklebt, ohne den man keinen Alkohol kaufen kann. Dieses Verfahren wird z. B. auch bei fast allen Rockkonzerten angewendet.

30 ZU BESUCH BEI THOMAS MANN

10. AUGUST, ANN ARBOR, MICHIGAN

Susanne | Heute Vormittag beschlossen wir, Thomas H. Mann zu besuchen. Das war der nette Herr aus dem Zug von Chicago nach Ann Arbor, der so viel über deutsche Einwanderer in den USA wusste. Er wohnte ganz in der Nähe von Sarah und Mark, sodass wir zu Fuß gehen konnten. Überall waren Leute beim Rasenmähen und grüßten uns freundlich. Einmal mussten wir einem Rasensprenger ausweichen, der nicht nur den Vorgarten, sondern auch den Gehweg beregnete. Das Sonnenlicht verfing sich in dem Wasserstrahl, sodass in ihm alle Regenbogenfarben zu sehen waren. Irgendwie schien die Zeit stillzustehen. Ich muss schon sagen: Das Leben hier ist wirklich idyllisch. Hier würde es mir auch gefallen. Nur die überall aufgestellten Schilder mit einem großen Auge und der Aufschrift *Neighborhood Crime Watch* fand ich etwas merkwürdig.

Thomas Mann saß in einer Blumenrabatte und war beim Unkrautzupfen. Er sah ziemlich überrascht aus, als wir ihn ansprachen. Es dauerte einen Moment, bis ihm klar wurde, wer wir waren, aber dann freute er sich, uns zu sehen. Er bat uns ins Haus und entschuldigte sich für seinen Aufzug. Hätte er gewusst, dass wir vorbeikommen, dann würde er nicht in so alten Sachen rumlaufen und hätte auch Kaffee und Kuchen besorgt. Er goss kaltes Leitungswasser für uns in überdimensionierte Gläser. Ein riesiger Kater marschierte in diesem Moment in die Küche und rieb sich schnurrend an meinen Beinen.

»Das ist Tonio«, sagte Thomas Mann, und ich spuckte vor Lachen das Wasser aus, das ich gerade im Mund hatte. Torsten sah mich entsetzt an und wischte sich die halbe Ladung Wasser, die auf seiner Hose gelandet war, vom Bein. Thomas Mann lachte auch und sagte: »Aha, Sie kennen sich also in der Literatur aus!« Ich nickte. »Tonio Kröger« gehört zu meinen Lieblingsbüchern.

»Wissen Sie«, sprach er weiter, »wenn Ihr Name ›Thomas Mann‹ ist, bleibt Ihnen nichts weiter übrig, als das Ganze mit Humor zu sehen.« Er trank einen Schluck Wasser. »Das H. steht übrigens nicht für Heinrich.« Er schien meinen Gedanken erraten zu haben. »Meine Eltern haben mich auch nicht nach dem Schriftsteller benannt. Das ist reiner Zufall. Mein Vater hieß auch Thomas. Das H. kommt von Herbert, das war mein Großvater.«

Er erzählte uns dann noch, dass er von dem berühmten Namensvetter erst erfuhr, als er einmal an einem Buchladen vorbeiging und plötzlich im Schaufenster seinen Namen sah. Er las daraufhin alle Bücher von Thomas Mann, später auch von Heinrich Mann, der ihm eigentlich besser gefiel, studierte Literatur und Deutsch und wurde Lehrer an einer *High School* hier in Ann Arbor, wo er fast 40 Jahre lang unterrichtet hatte. Nebenher beschäftigte er sich intensiv mit der Geschichte der deutschen Einwanderer in Ann Arbor, in Michigan und in Nordamerika insgesamt. Er zeigte uns viele alte Fotos von seiner Familie und auch von Ann Arbor, insbesondere von der Nachbarschaft, in der wir uns gerade befanden. Auf dem Rückweg stellte ich mir das Leben hier vor 100 Jahren vor, wie alle Deutsch sprachen, weit weg von der alten Heimat. Die Menschen hier waren glücklich, da hatte ich keinen Zweifel.

Was ist diesmal schiefgelaufen?

In den USA ist es nicht üblich, bei Leuten unangemeldet vorbeizuschauen. Man sollte auf jeden Fall vorher anrufen. Bei Leuten, mit denen man nicht eng befreundet ist, ist es sogar ratsam, am Tag zuvor Bescheid zu sagen.

Obwohl das in diesem Fall wohl nicht zutrifft, sei auch zu erwähnen, dass Einladungen, wenn sie das erste Mal und eher beiläufig ausgesprochen werden, oft nicht ernst gemeint sind. Wenn Sie also jemanden gerade kennengelernt haben, z. B. bei einem Barbecue, dann können Sie davon ausgehen, dass ein »*Come and visit me!*« keine konkrete Einladung ist. Sie sollten erst einen Besuch erwägen, wenn Sie wiederholt bzw. besonders nachdrücklich oder aus einem speziellen Anlass, z. B. zu einer Party oder zum Grillen, eingeladen wurden.

Selbst wenn ein bestimmter Tag vereinbart wurde, sollten Sie am Tag zuvor noch einmal anrufen und fragen, ob Sie etwas mitbringen können. Es versteht sich zwar von selbst, dass Sie eine Flasche Wein, eine Schachtel Kekse oder dergleichen dabei haben, aber der Zweck dieses Anrufs besteht eigentlich darin, Ihren Besuch zu bestätigen und möglicherweise den Angerufenen an den geplanten Besuch zu erinnern. Entweder wird man dann antworten, dass Sie nichts mitzubringen brauchen (in diesem Fall sollten Sie trotzdem eine Flasche Wein oder etwas Ähnliches dabei haben) oder man wird Ihnen vielleicht vorschlagen, etwas für den Grill oder zum Nachtisch zu besorgen. Eine große Packung Eiscreme kommt immer gut an.

WACHSAME NACHBARN: *NEIGHBORHOOD WATCH*

In den USA organisieren die Einwohner einer Straße mitunter eine *Neighborhood Watch*, um Einbrüche zu verhindern. Die *National Sheriffs' Association* unterstützt diese Nachbarschaftswachen und sieht in ihnen eine wirksame Methode zur Verhinderung von Straftaten, insbesondere Eigentumsdelikten.

Das Vorhandensein einer solchen Initiative ist leicht an den in der Nähe von Straßenkreuzungen angebrachten Schildern mit der Aufschrift *Neighborhood Watch* oder *Neighborhood Crime Watch* zu erkennen. Sie warnen potenzielle Straftäter, dass die Einwohner der Straße besonders wachsam sind und auf verdächtige Personen achten.

Die örtliche Polizei führt regelmäßig Veranstaltungen mit den Mitgliedern durch, auf denen sie über Kriminalitätsformen und deren Vorbeugung informiert. Die Bürger werden jedoch grundsätzlich dazu angehalten, auf keinen Fall selbst einzuschreiten, sondern die Polizei zu rufen.

Nicht immer halten sich die Leute jedoch daran, und die Auseinandersetzungen zwischen ihnen und den ihrer Meinung nach verdächtigen Personen gehen mitunter böse aus. In die Schlagzeilen geraten diese Konflikte, wenn die Hautfarbe der angeblich Verdächtigen eine Rolle spielt, genauer gesagt, wenn Schwarze in einer hauptsächlich von Weißen bewohnten Nachbarschaft von den Einwohnern konfrontiert werden.

31 TORNADO-ALARM

11. AUGUST, ANN ARBOR, MICHIGAN

Torsten | Heute Nachmittag zog am Himmel ein gewaltiges Unwetter auf. Solche Wolken habe ich in meinem Leben noch nicht gesehen! Während bei uns noch blauer Himmel war, schob sich am Horizont diese schwarze Masse heran. Das Ganze hatte was von Weltuntergangsstimmung. Inmitten der Wolken konnte man Blitze sehen, während das Grollen des Gewitters stetig lauter wurde. Der Himmel färbte sich zunehmend grün und in der Ferne waren Sirenen zu hören.

Sarah sagte etwas von »Tornado-Wetter« und schaltete den Fernseher an: Dort war eine Wetterkarte zu sehen, über die allerlei Unwetter zu ziehen schienen, unten auf dem Bildschirm stand *Tornado Watch*. Dann verschwand die Wetterkarte, der Fernseher machte ein Geräusch wie ein Computer-Modem Mitte der Neunzigerjahre und auf dem Bildschirm stand in großen weißen Buchstaben auf rotem Hintergrund *Tornado Warning*. Das merkwürdige Geräusch verstummte nach ein paar Sekunden und eine Frauenstimme sagte, wenn ich es richtig verstanden habe, dass der nationale Wetterdienst eine Tornado-Warnung ausgesprochen hatte und dass wir uns in Sicherheit bringen sollten.

Mittlerweile war draußen die Wolkenmasse dichter herangekommen. Der Himmel sah einfach genial aus. Ich schnappte mir den

Fotoapparat und rannte auf die Veranda. »Komm wieder rein!«, rief Sarah, »Wir müssen in den Keller!« Das fand ich etwas übertrieben und schoss schnell ein paar Fotos. Plötzlich wurde es ganz windstill. In die Ruhe hinein dröhnte eine Sirene, die sich wohl in unserer Nachbarschaft befand. »Komm jetzt sofort in den Keller!«, befahl Sarah, und Susanne kam raus und zog mich am Arm. »Hast du nicht gehört?«

Ich fühlte etwas Kaltes, Stechendes in meinem Nacken. Und gleich noch mal. Es hagelte Eisstücke! Wir liefen ins Haus. »Los, kommt endlich«, drängte Sarah und wollte wieder in den Keller. »Können wir nicht einfach hier bleiben und das Spektakel beobachten?«, fragte ich und wollte mich aufs Sofa setzen. »Nein, wir müssen in den Keller! Nur dort sind wir sicher!«

Draußen war es dunkel geworden, es blitzte und donnerte so laut, wie ich es noch nie gehört hatte. Der Hagel war durch einen gewaltigen Regen abgelöst worden, der jetzt gegen die Verandatür peitschte. Max kauerte sich an mich, der arme Hund zitterte am ganzen Körper. War wohl doch besser, auf Sarah zu hören ...

Im Keller schalteten wir den dortigen Fernseher an, auf dem jetzt wieder die Wetterkarte zu sehen war. Zehn Meilen südlich von uns, nahe einer kleinen Stadt namens Saline war ein Tornado gesichtet worden. Er zog in östliche Richtung.

»Da haben wir aber Glück gehabt!« Sarah schien erleichtert. Und tatsächlich: Zehn Minuten später war auch bei uns das Gewitter vorbei und wir gingen zurück auf die Veranda. Im Garten lagen jede Menge Äste, die der Wind von den Bäumen abgerissen hatte. Am Abend sahen wir dann in den Lokalnachrichten, dass der Tornado in Saline mehrere Häuser zerstört hatte und dass eine Person dabei ums Leben gekommen war. In der ganzen Gegend waren auch zahlreiche Bäume entwurzelt worden, die teilweise auf Häuser und auf Autos gefallen waren und riesigen Schaden angerichtet hatten.

Außerdem waren zehntausende Haushalte im Großraum Detroit ohne Strom, da der Wind die Leitungen von den Strommasten gerissen hatte. Im Fernsehen wurde ein brennendes Kabel gezeigt, das mitten auf einer Straße gelandet war. Das kommt davon, wenn die Stromleitungen hier alle noch in der Luft hängen, wie bei uns vor 50 Jahren! Die Leute ohne Strom jammerten im Fernsehen, dass ihre Klimaanlagen nicht liefen. Einige fanden jedoch Zuflucht im Wohnzimmer eines Mannes, der eigens für diese Fälle ein Notstromaggregat hatte. Mark, der mittlerweile von der Arbeit nach Hause gekommen war, meinte, dass diese Stromausfälle keine Seltenheit sind und dass es einfach zu teuer ist, alle Leitungen unter die Erde zu legen.

Was ist diesmal schiefgelaufen?

Tornados sind eine in Europa vergleichsweise selten auftretende Unwettererscheinung, sodass Torsten sich anscheinend nicht über den Ernst der Situation im Klaren war. In den USA kosten diese gewaltigen Windhosen jedoch jedes Jahr Dutzende Menschenleben und verursachen große Sachschäden. Die Amerikaner unterschätzen diese todbringende Gefahr daher in keiner Weise und wissen, wie man sich richtig verhält. Als Gast sollte man ihren Anweisungen unbedingt folgen, auch wenn man die Vorsichtsmaßnahmen möglicherweise für übertrieben hält.

Obwohl Tornados in den gesamten USA auftreten können, werden der Mittlere Westen, zu dem Michigan gehört, und der Süden des Landes am häufigsten von diesen besonders tückischen Stürmen heimgesucht.

Tornados treten meistens bei gewittrigem Wetter auf. Wenn die meteorologischen Bedingungen entsprechend sind, löst sich eine Windhose vom Himmel, zieht mehrere Kilometer weit übers Land und zerstört oft alles in ihrer Bahn. Die meisten Tornados sind einige 100 Meter im Durchmesser und bewegen sich mit etwa 100 Kilometern pro Stunde fort. Der Durchmesser eines Tornados kann aber sogar mehr als zwei Kilometer betragen, und er kann die Geschwindigkeit eines Schnellzuges annehmen. Die Windhose selbst wirbelt außerdem mit einer viel größeren Geschwindigkeit (und Zerstörungskraft) um die eigene Achse. Oft treten in einer Region mehrere Tornados gleichzeitig auf.

WARNUNG VOR TORNADOS

Sobald in einer Gegend die Gefahr von Tornados besteht, spielt der *National Weather Service* auf allen lokalen Radio- und Fernsehsendern Warnungen ein und lässt, soweit vorhanden, die örtlichen Sirenen aufheulen. Bei den Warnungen unterscheidet man zwischen zwei Stufen: *Tornado Watch* und *Tornado Warning*.

Bei einer *Tornado Watch* ist das Auftreten eines Tornados sehr wahrscheinlich. Es wird empfohlen, sich an einen sicheren Ort zu begeben und aufmerksam den Ansagen im Fernsehen oder Radio zu folgen. Die *Tornado Warning* erfolgt, wenn tatsächlich ein Tornado gesichtet wurde. Jetzt muss man unbedingt einen sicheren Ort aufsuchen. Hat das Haus einen Keller, so ist dieser der beste Ort. Auf jeden Fall aber sollte man sich auf die niedrigste Etage bzw. in einen fensterlosen Raum im Inneren des Hauses begeben.

Berstende Fenster sind normalerweise das erste Resultat eines Tornadotreffers. Unter Umständen kann der Tornado das Dach vom Haus abreißen und möglicherweise auch die Wände zerstören. Die leichte Bauweise vieler amerikanischer Häuser ist dabei natürlich ein begünstigender Faktor. In öffentlichen Gebäuden wird man vom Personal in die für solche Fälle vorgesehenen Räume eingewiesen.

32 AN DEN NIAGARAFÄLLEN

12. AUGUST, NIAGARAFÄLLE, ONTARIO/KANADA

Torsten | Als ich gestern Abend noch einmal auf die Karte von Michigan schaute, um zu sehen, wo wir nun schon überall gewesen sind, entdeckte ich im benachbarten Kanada die Niagarafälle. Ich fragte Mark, wie weit das mit dem Auto sei, und er bot sogleich an, mit uns heute hinzufahren. Susanne wollte erst nicht so richtig, denn übermorgen wird sie den Vortrag in Sarahs Verlag halten. Sie ist schon ganz aufgeregt deswegen und wollte heute und morgen den ganzen Tag dafür üben, aber am Ende konnte ich sie doch überzeugen. Wenn wir schon die Chance haben, die Niagarafälle zu sehen, dann sollten wir sie auch nutzen!

Die Fahrt mit dem Auto dauerte rund fünf Stunden, und jetzt sitze ich hier und blicke auf diese gewaltigen, tosenden Wasserfälle, die ich schon so oft im Fernsehen und auf Bildern gesehen hatte. Wir warten gerade darauf, ein kleines Schiff zu besteigen, um ganz dicht an die Wasserfälle heran zu fahren. Mark, Susanne und ich sind heute Morgen um sieben losgefahren, damit wir zum Mittagessen hier sein würden. Sarah war nicht mitgekommen, weil sie in ihrem Zustand nicht so lange im Auto sitzen wollte. In Detroit fuhren wir über eine riesige Brücke, und am anderen Ufer lagen der Grenzübergang und die kanadische Stadt Windsor. Danach ging es quer durch die Provinz Ontario.

Auf halbem Wege zu den Niagarafällen wollten wir in einer Stadt namens London anhalten und frühstücken. Während wir eine Hauptstraße entlangfuhren und nach einem Restaurant Ausschau hielten, erzählte uns Mark, dass er zufällig in Deutschland war, als der Irak-Krieg losging, und dass er sich damals als Kanadier ausgegeben hatte, wenn ihn jemand fragte, woher er sei. Er hatte einfach keine Lust, ständig Stellung zum Krieg nehmen zu müssen. Er wandte sich an mich: »Warum finden die Deutschen Kanada eigentlich so viel besser als die USA?« Die Antwort war klar: »Na, weil Kanada keine aggressive Außenpolitik wie die USA betreibt.« – »Aber wenn irgendwo Not am Mann ist, wird von uns erwartet, dass wir eingreifen.« Mark sah mich lächelnd an. »Könnte es vielleicht sein, dass die Deutschen ein wenig neidisch sind, weil Amerika das geworden ist, was Deutschland immer sein wollte?«

In diesem Moment heulte hinter uns eine Sirene auf. Susanne und ich sahen uns an. Diesmal hatten wir nichts falsch gemacht, denn Mark saß am Steuer. Die Polizistin fragte Mark, ob er wüsste, welches Tempolimit auf dieser Straße gelte. Er antwortete: »50«. Es stellte sich dann heraus, dass er 50 Meilen pro Stunde gefahren war, während die Geschwindigkeitsgrenze bei 50 Kilometern pro Stunde lag. 50 Meilen sind jedoch 80 Kilometer pro Stunde. Mark hatte echt Glück, dass er nur eine Verwarnung bekam. »Siehst du!«, sagte ich. »Sogar die Polizisten sind netter in Kanada.«

Was ist diesmal schiefgelaufen?

In neueren amerikanischen Autos lässt sich der Geschwindigkeitsmesser relativ einfach auf Stundenkilometer umstellen, falls man nach Kanada oder Mexiko fährt. In vielen älteren Autos lassen sich ebenfalls beide Werte ablesen. Wie das in Marks Auto war, wissen wir nicht. Entweder hatte er das Umstellen vergessen oder sich durch die Unterhaltung ablenken lassen.

Dass Polizisten in Kanada netter sind, kann man natürlich nicht so einfach behaupten. Auch in den USA gibt es viele nette Polizisten. Torsten und Susanne hatten wahrscheinlich einfach nur etwas Pech und waren an Ordnungshüter geraten, die ihre Arbeit sehr, sehr ernst nahmen.

Übrigens wurde das metrische System erst ab Mitte der Siebzigerjahre in Kanada eingeführt. Zuvor hatte man weitgehend die Einheiten der ehemaligen britischen Kolonialherren verwendet. Im April 1975 wechselte man von Fahrenheit zu Celsius und ab September maß man Regen- und Schneefall in Millimeter und Zentimeter. 1977 wurden Tempolimits von Meilen auf Kilometer pro Stunde umgestellt. Ab 1980 wurde Milch und ein Jahr später Benzin in Litern statt Gallonen verkauft.

Bestrebungen, das metrische System in den USA einzuführen, schlugen Anfang der Achtzigerjahre fehl, und auch die Kanadier führten ihre Umstellung nicht konsequent zu Ende. Im Alltag gibt es in Kanada heute eine Mischung aus alten und neuen Maßeinheiten. Besonders die ältere Generation kocht oft noch mit Fahrenheit und britischen Mengenangaben.

In den USA werden nach wie vor weitgehend eigene Maßeinheiten verwendet, die auf den britischen Maßen beruhen, bevor diese 1824 standardisiert wurden. Die amerikanischen Maßeinheiten wurden danach teilweise weiterentwickelt und unterschieden sich letztlich zum Teil erheblich von denen, die in Kanada vor der teilweisen Einführung des metrischen Systems verwendet wurden. So beträgt z. B. eine Gallone in den USA 3,78 Liter, während die Gallone in Kanada 4,55 Liter betrug. Da gab es dann u. a. beim Benzinkauf im jeweils anderen Land einige Verwirrung.

In den USA findet man metrische Einheiten auf fast allen Lebensmittelverpackungen. Auch im Militär und in der Wissenschaft wird das metrische System genutzt. Amerikaner lernen dieses auch in der Schule, wenden es im Alltag aber kaum an. Eine Ausnahme sind Kilobytes, Megabytes und Gigabytes bei Computern. Außerdem verwenden Amerikaner den Buchstaben *k* um das Wort Tausend zu symbolisieren, z. B. »*He earns 65 k.*« (Er verdient 65.000 Dollar.).

NIAGARAFÄLLE

Die *Niagara Falls* befinden sich an der Grenze zwischen den USA und Kanada, genauer gesagt zwischen dem Bundesstaat New York und der Provinz Ontario. Die bis zu 52 Meter hohen Wasserfälle sind Teil des 56 Kilometer langen *Niagara River*, der vom Eriesee in den Ontariosee fließt. Eine Insel unterteilt die Niagarafälle in die *American Falls*, die eine 323 Meter lange gerade Kante haben und zu den USA gehören, und die hufeneisenförmigen *Horseshoe Falls* mit 792 Meter Kantenlänge, die in Kanada liegen. Zwischen den beiden Fällen liegen rund 1.000 Meter und ein kleinerer Wasserfall namens *Bridal Falls*. Auf der kanadischen Seite kann man unterhalb der Fälle an Bord verschiedener kleiner Schiffe dicht an die Wasserfälle heran fahren.

In der Nähe der Niagarafälle gibt es mehrere Wasserkraftwerke, zu denen ein bedeutender Teil der Wassermenge des *Niagara River* über Kanäle abgeleitet wird, bevor dieser die Fälle erreicht. In der Nacht nutzt man bis zu 75 Prozent des Wassers für die Stromgewinnung. Während der Touristensaison von April bis Oktober werden die Niagarafälle jedoch jeden Morgen per Knopfdruck »angeschaltet«, d.h. mit einer optisch zufriedenstellenden Wassermenge von mindestens 50 Prozent versorgt.

Im Jahr 1901 gelang übrigens der 63-jährigen Lehrerin Annie Taylor in einem Holzfass die erste erfolgreiche Befahrung der Niagarafälle, nachdem sie einige Tage zuvor ihre Katze zu Testzwecken in dem gleichen Holzfass über die Fälle gehen ließ und diese zumindest körperlich unbeschadet unten ankam.

33 ARZT UND SCHRECKEN

13. AUGUST, ANN ARBOR, MICHIGAN

Susanne | Heute Morgen war ich beim Arzt, weil ich plötzlich sehr starke Magenschmerzen bekommen hatte. Das ging ausgerechnet dann los, als ich gerade anfangen wollte, mit Sarah meinen Vortrag zu üben. Sarah fuhr mit mir gleich zum Arzt. Torsten wollte auch mitkommen und meinte, dass er doch übersetzen könne. Aber nach dem Erlebnis in der Apotheke in Chicago konnte ich auf sein medizinisches Fachenglisch ganz gut verzichten. Außerdem konnte Sarah ja übersetzen.

Da heute Sonntag ist, fuhren wir zu einer *Urgent-Care*-Praxis, die auch am Wochenende geöffnet hat. Zunächst füllten wir ein halbes Dutzend Formulare aus. Man wollte meine komplette Vorgeschichte wissen, inklusive bisherige Krankheiten, Operationen und Allergien. Danach setzte ich mich mit Sarah in den Wartebereich, schaute *CNN* – und wurde schließlich aufgerufen. Eine Schwester steckte mir sogleich ein Thermometer in den Mund und stellte mich auf eine Waage. Die Temperatur wurde natürlich in Fahrenheit gemessen und das Gewicht in amerikanischen Pfund angegeben, beide Werte habe ich aber gar nicht mitbekommen. Sarah sagte mir nur, dass ich kein Fieber hätte, aber ruhig mehr essen könne. Da war sie wohl ein bisschen neidisch ...

Anschließend wurden wir in ein kleines Zimmer geführt, wo aber kein Arzt auf mich wartete. Ich musste mich auf einen Behandlungstisch setzen, wo die Schwester meinen Blutdruck maß, der anscheinend auch in Ordnung war. Sie gab mir daraufhin ein Stück Stoff und sagte, dass ich meine Kleidung ablegen und das Leibchen anziehen solle. Sarah wollte draußen warten, und ich zog mich aus und schlüpfte in dieses kleine Jäckchen, an dem sich leider keine Knöpfe befanden. Nun ja, so schien das dann wohl in Amerika zu sein. Ich setzte mich wieder auf den Behandlungstisch und starrte gespannt auf die Tür.

Es klopfte, ein älterer Herr in weißem Kittel kam herein, starrte erschrocken auf meine halb entblößten Brüste, drehte sich schlagartig um und rannte fast Sarah über den Haufen, die hinter ihm den Raum betreten wollte. Sie lachte, als sie mich sah. »Du musst das andersrum anziehen!«, rief sie mir zu und folgte dem Arzt. Beide kamen nach einer Minute zurück, Sarah hatte den Arzt in der Zwischenzeit offenbar aufgeklärt, dass ich aus Deutschland war und nicht wusste, wie man diese Stoffjäckchen richtig anzieht. Ich hatte den Fehler ja nun auch korrigiert, sodass der Arzt seine Untersuchung beginnen konnte. Er schaute mir zuerst in den Mund und zog dann den Tisch aus, auf dem ich mich ausstrecken sollte. Nachdem er meinen Unterleib abgetastet hatte, meinte er, dass er nichts Besonderes feststellen konnte, und fragte mich, ob ich im Moment sehr gestresst sei. Ich sagte ja, ein wenig, wegen des Vortrags. Er empfahl mir ein Beruhigungsmittel, das ich in der Drogerie kaufen könnte, und fragte mich, wie lange ich noch in den USA bleiben würde. Als ich ihm sagte, dass wir übermorgen zurückfliegen würden, riet er mir, ich solle zu meinem Arzt in Deutschland gehen, falls ich in einigen Tagen noch Beschwerden hätte.

Was ist diesmal schiefgelaufen?

Der Besuch einer Arztpraxis läuft in den USA in der Regel ein wenig anders ab, als wir das von zu Hause gewohnt sind. Wenn man krank ist, muss man in der Regel bei seinem Arzt vorher anrufen und fragen, wann man vorbeischauen kann. Es kann durchaus vorkommen, dass man erst später am Tag oder gar erst am nächsten Morgen einen Termin bekommt. Für Routineuntersuchungen muss man vielerorts Monate vorher einen Termin vereinbaren. Das Gleiche gilt übrigens auch für den Zahnarzt. Sollte man schnell einen Arzt sehen wollen, kann man zu einer *Urgent-Care*-Einrichtung gehen, im lebensgefährlichen Notfall ruft man über 911 einen Krankenwagen *(ambulance)* oder begibt sich in die Notaufnahme *(emergency room)* des nächsten Krankenhauses.

Beim Arztbesuch muss man zunächst einige Fragebögen ausfüllen. Da wird dann die Krankengeschichte erfragt, welche Medikamente man regelmäßig einnimmt, welche man nicht verträgt und was der Grund für den Arztbesuch ist. Wenn man sich gerade nicht wohlfühlt, ist dieser Papierkrieg natürlich nervend. Da bietet es sich an, jemanden mitzunehmen, der einem beim Ausfüllen helfen kann, insbesondere wenn man der Sprache nicht ganz mächtig ist.

Nachdem man aufgerufen wurde, wird einem eine Schwester ein Thermometer in den Mund stecken sowie das Gewicht und den Blutdruck messen. Danach wartet man in einem kleinen Behandlungsraum, bis der Arzt erscheint. Dies dauert – das kennt man ja auch aus heimischen Praxen – mitunter eine halbe Ewigkeit, da der Arzt von Raum zu Raum seine Patienten bedient und nur selten zügig damit fertig wird. Wenn er dann endlich erscheint, wird er sich kurz nach dem Befinden erkundigen und dann den Raum mit der Aufforderung verlassen, dass man sich bitte umziehen solle. Das kleine Stoffjäckchen, das man zu diesem Zwecke bekommt, muss mit der Öffnung nach hinten angezogen werden, sodass nur der Rücken sichtbar ist. Susanne hatte das Jäckchen falsch herum angezogen, mehr oder weniger barbusig dagesessen und damit den Arzt überrascht.

URGENT CARE – WAS IST DAS GENAU?

In den USA gibt es derzeit rund 10.000 *Urgent-Care*-Einrichtungen, Tendenz steigend.

Während man beim normalen Arzt, selbst bei Krankheit, telefonisch einen Termin vereinbaren muss, kann man bei einer *Urgent Care* ohne Voranmeldung erscheinen. Die durchschnittliche Wartezeit beträgt 30 Minuten, was ein entscheidender Vorteil gegenüber der Notaufnahme ist, wo man oft stundenlang warten muss, wenn man sich nicht in einem lebensbedrohlichen Zustand befindet. *Urgent-Care*-Einrichtungen sind jeden Tag, also auch am Wochenende, geöffnet, in der Regel von 8 Uhr morgens bis 8 Uhr abends.

Da nur der Leiter der Einrichtung eln Arzt sein muss, wird die Behandlung oft von einem *physician assistant* durchgeführt, dessen Qualifikation zwischen Arzt und Krankenpfleger angesiedelt ist. Behandelt werden u. a. einfache Brüche, Schnittwunden, Blasenbeschwerden und Erkältungen. Werden die medizinischen Möglichkeiten der *Urgent Care* überschritten, schickt man den Patienten in die Notaufnahme eines Krankenhauses.

34 BABY SHOWER

13. AUGUST, ANN ARBOR, MICHIGAN

Susanne | Sarah hatte heute Nachmittag ihre weiblichen *friends* (das waren sowohl Freundinnen als auch Kolleginnen) und Verwandten zu einer Babyparty, die hier *baby shower* genannt wird, eingeladen. Rund 30 Frauen saßen im Garten im Kreis und sprachen übers Kinderkriegen. Torsten und Mark waren aus dem Haus verbannt worden, denn eine Baby Shower ist eine reine Frauenangelegenheit.

Jede der Frauen hatte ein Geschenk für Sarah mitgebracht, von Fläschchen über Windeln bis zu Stramplern war alles dabei, was eine werdende Mutter so am Anfang braucht. Damit es keine doppelten Geschenke gab, hatte Sarah bei einem Internet-Kaufhaus eine Wunschliste angelegt und an ihre Freundinnen geschickt. Wenn jemand dann etwas kaufte, wurde das Geschenk automatisch auf der Liste als erledigt registriert. Trotzdem tat sie beinahe überrascht, als sie während der Party alle Geschenke auspackte und sich dann jeweils überschwänglich bedankte. Ein bisschen übertrieben fand ich das schon.

Torsten | Mark und ich waren unterdessen bei Jeff, der ein Barbecue veranstaltete. Viele der Männer, deren Frauen und Freundinnen bei der Babyparty eingeladen waren, grillten eifrig und tranken kräftig Bier. Jeff war in der Armee gewesen und sehr stolz auf seinen Einsatz im Irak. An seinem Haus hing die amerikanische Fahne, das Nummernschild an seinem Auto trug den Schriftzug *Veteran,* und im Wohnzimmer stand ein Bild von ihm in seiner Paradeuniform. Ich fragte ihn, ob er denn mit dem Krieg einverstanden gewesen war, worauf er begann, vom 11. September und von den Terroristen zu reden. Ich entgegnete, dass der Irak doch mit dem 11. September nichts zu tun gehabt hatte, dass man das doch alles differenziert sehen müsse und so weiter. An seinem Gesichtsausdruck konnte ich ablesen, dass er zunehmend wütend wurde. Er sagte dann ein paar Sätze, von denen ich nur das Wort »*Nazis*« verstand, und ging dann weg. Im Garten herrschte betretenes Schweigen. Mark sagte, dass wir wohl besser gehen sollten. Er sah auch ziemlich sauer aus.

Auf dem Nachhauseweg erklärte er mir, dass Leute wie Jeff sehr patriotisch eingestellt seien und jede Kritik an Amerika als persönliche Beleidigung ansehen. »Du musst das verstehen«, sagte Mark, »Jeff hat bestimmt viel Schlimmes im Krieg erlebt und einige seiner Kameraden sterben sehen.«

Als wir fast zurück bei Marks und Sarahs Haus waren, sind wir am Stadion der *University of Michigan* vorbeigekommen, von dem ich im Internet gelesen hatte, dass beinahe die gesamte Bevölkerung der Stadt hineinpasst. Da war vielleicht was los! Ungeheure Menschenmassen, die auf das Stadion zuströmten, alle in blau-gelber Fankleidung, und abgestellte Autos, soweit das Auge blickte: auf dem riesigen Parkplatz und den noch größeren Rasenflächen vor der High School, die schräg gegenüber lag, auf dem Golfplatz, der sich daneben befand, in den Einfahrten und sogar in den Vorgärten der Einfamilienhäuser beim Stadion, wo man für 30 bis 40 Dollar parken konnte. Dazwischen war ein richtiges Volksfest im Gange, da grillten überall Leute gleich beim Auto, standen in kleinen und großen Gruppen herum oder saßen auf Campingstühlen, und alle hatten Bierflaschen oder Dosen in der Hand. Als ich Mark darauf ansprach, meinte er, dass das vor jedem Spiel so sei und schon am Morgen begänne. »Das Spiel ist eigentlich nur Nebensache«, sagte er, »das *tailgating* ist am wichtigsten.« *Tailgating*? Nun, ich wollte ihn nicht fragen, da er immer noch sauer zu sein schien, aber ich konnte mir schon denken, dass damit die Party auf dem Parkplatz gemeint war.

Was ist diesmal schiefgelaufen?

Viele Amerikaner lassen sich nicht gerne besserwisserisch belehren, was ihre Grundwerte, insbesondere den Glauben an Freiheit und Demokratie, betrifft. Vor allem nicht von Deutschen, die sich in den vergangenen 100 Jahren als Verfechter dieser Werte nicht immer mit Ruhm bekleckert haben. Mit Meinungsäußerungen zur amerikanischen Politik sollte man deshalb vorsichtig sein, insbesondere wenn man seine Gesprächspartner noch nicht lange kennt. Bei Militärangehörigen, die im Allgemeinen politisch eher konservativ eingestellt sind, sollte man besonders vorsichtig und höflich mit derartigen Themen umgehen, wenn man nicht unnötig anecken möchte. Aber auch sonst sollte man in geselligen Runden und am Arbeitsplatz Themen wie Politik und Religion vermeiden. Amerikaner wählen daher oft relativ neutrale Themen wie Sport, Wetter oder Straßenverkehr und äußern sich zu diesen auf humorvolle Weise. Sie mögen es auch nicht, wenn in einem Gespräch eine längere Pause entsteht. Zu diesen von ihnen als »unbehagliche Stille« *(awkward silence)* empfundenen Momenten lassen sie es nach Möglichkeit nicht kommen, ganz gleich ob es sich um ein Geschäftsessen oder ein erstes Rendezvous handelt.

FREUNDE UND BEKANNTE

In den USA wird die Bezeichnung »Freunde« sehr großzügig verwendet und schließt in der Regel auch Leute ein, die wir eher als »Bekannte« bezeichnen würden. So kann es durchaus sein, dass Sie jemanden erst ein oder zwei Mal getroffen haben, von diesem aber gegenüber Dritten als *friend* vorgestellt werden. Der Grund dafür mag sein, dass die Bezeichnung *acquaintance* für einen Bekannten eher altmodisch und gestelzt klingt. Von Kollegen oder Geschäftspartnern, mit denen Sie gut auskommen, werden Sie möglicherweise ebenfalls schon nach kurzer Zeit als *friend* bezeichnet. Sie sollten das nicht überbewerten, aber ein wenig freuen können Sie sich schon, denn das ist durchaus ein Zeichen, dass man Sie sympathisch findet. Freunde im deutschen Sinne werden allerdings *close friends* genannt und der Aufbau von richtigen Freundschaften geschieht auch in den USA nur allmählich.

Tailgating – Grillparty auf dem Parkplatz

Schon Stunden vor jedem College-Football-Spiel treffen sich Freunde und Bekannte in kleinen und großen Gruppen auf dem Parkplatz und feiern. Da wird selbst an kalten Tagen hinter dem Auto gegrillt, Bier getrunken und ein Football hin und her geworfen. Die Amerikaner nennen das *tailgating*. Ein *tailgate* ist die Ladeflächenklappe beim Pick-up, auf der sich ganz praktisch das Bier oder das Gegrillte abstellen lässt und um die man in der Regel herumsteht.

Trotz des reichlichen Alkoholgenusses und der Rivalität zwischen den Universitäten läuft alles sehr friedlich ab. Die Fans beider Teams feiern fröhlich Seite an Seite und necken sich höchstens mal ein wenig.

Manche Spiele, wie z. B. in Ann Arbor, haben bis zu 100.000 Zuschauer, die fast alle mit dem Auto kommen. Dementsprechend groß sind die Parkplätze. Auch nahegelegene Golfplätze, Grünanlagen und Schulgelände werden genutzt. Nahe am Stadion kostet das Parken dann schon mal 40 Dollar pro Fahrzeug. Das ist natürlich eine nette Einnahmequelle für die Besitzer der jeweiligen Gelände. Auch Kirchen und Privatpersonen lassen Fahrzeuge auf ihren Grundstücken parken und verdienen so einige Dollar hinzu.

Die Absolventen der amerikanischen Universitäten zeigen oft eine lebenslange Verbundenheit mit ihrer Alma Mater. Für viele bedeutet das neben regelmäßigen Geldspenden auch den Besuch der Football-Spiele, Aufkleber mit dem Universitätslogo am Fahrzeug und Freizeitbekleidung in den Farben der Uni. Im Geschäftsleben sind die Ergebnisse der Football-Spiele oft ein beliebtes Thema, um zu Beginn von Meetings das Eis zu brechen.

35 TOPFGLÜCK UND GEMÜSEPECH

14. AUGUST, ANN ARBOR, MICHIGAN

Susanne | Heute war es nun soweit: Ich fuhr mit Sarah in den Universitätsverlag, um dort meinen Vortrag zu halten und Kooperationsmöglichkeiten zu besprechen. Im Auto roch es nach frisch gebackenem Kuchen. Ich fragte, wofür der denn sei, und Sarah erwiderte: »Für unseren *Potluck*.« Aha.

Im Büro angekommen, stellte mich Sarah zuerst dem Verlagsleiter vor, den ich mit *Tom* anreden durfte. Dann führte sie mich herum, und ich lernte alle anderen Mitarbeiter kennen. Obwohl diese sich auch alle nur mit dem Vornamen vorstellten, konnte ich mir die ganzen Namen nicht merken. Das war noch nie meine Stärke gewesen, und ich bewundere Leute, die jeden Namen auf Anhieb behalten. Sarahs Kollegen waren auf jeden Fall alle sehr nett. Die meisten erkundigten sich, wie lange ich in den USA bleiben würde. Einige waren auch schon in Deutschland gewesen, und es schien ihnen dort sehr gut gefallen zu haben.

Unsere erste Besprechung war mit Crystal, der für Biografien zuständigen Lektorin. Sie zeigte mir die Neuerscheinungen, die sie in den letzten zwei Jahren betreut hatte, und berichtete dann von den Projekten, an denen sie gerade arbeitete. Darunter war ein Buch über den deutschen Einwanderer Heinrich Göbel, der behauptet hatte, schon 25 Jahre vor Edison Glühlampen hergestellt zu haben. Während wir uns unterhielten, stellte Crystal einen Teller mit kleingeschnittenem Gemüse auf den Tisch. Sie sagte mir, dass ich mich bedienen solle. In der Mitte des Tellers stand eine kleine Schale mit einer toll schmeckenden Salatsauce, in die man das Gemüse stippen konnte.

Crystal fragte mich, ob es für das Buch über Heinrich Göbel vielleicht auch in Deutschland Interesse geben könnte. Ich bejahte das, und wir schauten zur Sicherheit gemeinsam bei einigen deutschen Internet-Buchhändlern nach, ob es da schon etwas gab. Viel konnten wir nicht finden. Super, das wäre doch was! Mein Chef in Deutschland wird sich freuen, wenn ich mit einem konkreten Vorschlag zurückkomme.

Als wir gerade begannen, Pläne für die deutschsprachige Ausgabe des Buches zu schmieden, hielt Sarah, die auch am Tisch saß, plötzlich meine Hand fest – gerade als ich dabei war, ein Stück Möhre in die leckere Sauce zu stippen. Was war denn jetzt? *»Don't double dip!«*, sagte Sarah. Ich sah erst sie, dann Crystal an. Diese hatte für den Bruchteil einer Sekunde einen geschockten Gesichtsausdruck, lachte dann aber. In diesem Moment kam Tom herein und verkündete, dass es Zeit für das *Lunch & Learn* sei. Sarah stieß mich an. »Bist du bereit?« – »Wofür denn?« – »Na, für deine Präsentation!«

Ich folgte ihr aufgeregt in einen Versammlungsraum. Zu meiner Überraschung standen auf dem Tisch jede Menge Speisen: Kartoffel- und Nudelsalat, verschiedene Aufläufe, mehrere Kuchen und einige Zwei-Liter-Flaschen Cola und Brause. Die Mitarbeiter strömten allesamt in den Raum, griffen sich einen Pappteller, nahmen sich von unterschiedlichen Speisen und gossen sich etwas zum Trinken in Plastikbecher. Ich machte es ihnen nach und als ich gerade Platz genommen hatte und mit dem Essen anfangen wollte, ergriff Tom das Wort und begrüßte mich noch einmal und sprach von den Kooperationsmöglichkeiten zwischen den beiden Verlagen.

Sarah hatte inzwischen ihr Notebook an den Projektor angeschlossen, der inmitten des Essens stand. Ich hatte ihr meine Präsentation schon vor unserer Abreise gemailt. Jetzt war ich also an der Reihe. Die Mitarbeiter des Verlages, ungefähr 20 an der Zahl, sahen mich erwartungsvoll und mit vollen Mündern an. Als ich mit Sarah gestern geübt hatte, meinte sie, dass ich mich nicht so sehr bei den vielen Zahlen aufhalten sollte, die ich auf den ersten fünf Folien hatte, um den deutschen Buchmarkt akkurat zu beschreiben. Vielmehr riet sie mir, Beispiele für unsere Erfolge zu nennen und was unseren Verlag von anderen unterscheidet.

Aber ich konnte doch die wichtigen Statistiken nicht einfach so vernachlässigen! Darauf baute doch schließlich alles Weitere auf. Die Gesichter der Zuhörer sahen allerdings schon nach drei, vier Minuten sehr gelangweilt aus und einige schienen mehr mit ihrem Essen beschäftigt, als mir zuzuhören. Sarah nickte mir aufmunternd zu, und ich beschloss einige Folien zu überspringen. Als ich dann begann, unsere recht originellen Buchumschläge und Beispiele unserer lustigen Werbeaktionen zu zeigen, hatte ich das Publikum wieder auf meiner Seite. Am Ende gab es viele Fragen, die ich mit Sarahs Hilfe auch ganz gut beantworten konnte. Auf dem Nachhauseweg meinte Sarah, dass der Vortrag ein voller Erfolg war und dass das Interesse an einer Zusammenarbeit sehr groß sei!

UNIVERSITÄTSVERLAGE

Viele Universitäten in den USA unterhalten eigene Verlage, die in erster Linie wissenschaftliche Bücher und Zeitschriften veröffentlichen. Da der Markt für derartige Publikationen jedoch sehr beschränkt ist, haben Universitätsverlage aus finanziellen Gründen oft auch populärwissenschaftliche und literarische Werke im Programm. Die meisten dieser Verlage arbeiten trotzdem nicht kostendeckend und werden finanziell von der jeweiligen Hochschule über Wasser gehalten. Einige jedoch, allen voran *University of Chicago Press*, gehören zu den größten Verlagen in den USA. Dieser Verlag hat z. B. derzeit mehr als 5.000 Bücher und 50 wissenschaftliche Zeitschriften im Programm.

Was ist diesmal schiefgelaufen?

Susanne hat sich bei ihrer Präsentation wacker geschlagen und sich schnell den Bedürfnissen ihres Publikums angepasst. Amerikaner finden detaillierte Informationen, insbesondere Statistiken, tatsächlich extrem langweilig und vermeiden diese in Vorträgen. Stattdessen bevorzugen sie die Vermittlung von Hauptgedanken und originellen Lösungsansätzen. Präsentationen sind daher visuell oft recht anspruchsvoll gestaltet. Bilder, die das Gesagte symbolisieren, sind scheinbar wichtiger als Text. Das gilt natürlich eher für Vorträge in der Wirtschaft als in der Wissenschaft, wo man um die Darstellung von Fakten dann doch nicht herumkommt.

Viele Firmen führen Vorträge und Schulungen als *Lunch & Learn* durch, also im Prinzip in der Mittagspause. Die Angestellten können dann essen und nebenbei noch etwas lernen. Oft werden Sandwiches bestellt, aber auch die Form des *Potluck* bietet sich an und wird von den Mitarbeitern oft gerne angenommen.

Bei einem *Potluck* bringt jeder Teilnehmer eine Speise mit, die zu Hause zubereitet wurde und die für mehrere Personen reicht. Je höher die Zahl der Teilnehmer, desto reicher die Auswahl an Speisen, die auf einem großen Tisch dargeboten werden und von denen man sich wie bei einem Buffet selbst bedienen kann. Ein *Potluck* eignet sich daher besonders gut für Kirchengemeinden und Sportvereine. Aber auch in Büros mit ausreichend vielen Mitarbeitern werden mitunter *Potlucks* veranstaltet. Oft wird dann einige Tage zuvor eine Liste herumgereicht oder an gut sichtbarer Stelle angebracht, wo jeder einträgt, was er mitzubringen beabsichtigt. Damit wird eine ausreichende Vielfalt an Speisen gewährleistet. Die Organisatoren des *Potluck* kümmern sich in der Regel um Getränke, Pappteller und Plastikbesteck.

Das *double dip*, dessen Susanne sich beinahe schuldig gemacht hätte, sollte man selbstverständlich vermeiden. Sie hatte im Eifer des Gefechts die Möhre in die Sauce stippen wollen, nachdem sie schon von dieser abgebissen hatte. Die Schale mit der Sauce ist jedoch, wie in den USA auch auf fast jeder Party, für alle da. Das versteht sich von selbst. In Sachen Hygiene sind Amerikaner allerdings oft besonders empfindsam. So kann man z. B. auch in den meisten Supermärkten am Eingang Desinfektionstücher finden, mit denen man den Griff seines Einkaufswagens abwischen kann. Auch im Haushalt gilt es, vermeintlich gefährlichen Bakterien Herr zu werden. Da gibt es kaum eine Seife oder ein Geschirrspülmittel, das nicht den Aufdruck *antibacterial* trägt.

WER HAT DIE GLÜHLAMPE ERFUNDEN?

Thomas Alva Edison (1847-1931) gilt weithin als Erfinder der Glühlampe. 1880 hatte er das Patent für Glühlampen mit Kohleglühfaden erhalten. 1881 begann Edison mit der Elektrifizierung New Yorks. Zu diesem Zweck arbeitete er mit seinem Entwicklerteam auch an den anderen Elementen des Stromnetzes, wie Dampfmaschinendynamos, Leitungen, Verteiler, Sicherungen und Schalter sowie Lampenfassungen mit Schraubgewinde.

Ab 1885 verklagte die *Edison Electric Light Co.*, aus der später der Großkonzern *General Electric* hervorging, andere Glühlampenhersteller wegen Patentverletzung. Die Anwälte der von der Schließung bedrohten Unternehmen präsentierten 1893 zu ihrer Verteidigung den in New York lebenden deutschen Einwanderer Heinrich Göbel (1818-1893), der angeblich schon 25 Jahre vor Edison derartige Glühlampen entwickelt hatte, ohne allerdings ein Patent angemeldet zu haben. Ziel dieser Verteidigungsstrategie war es, Edisons Patentanspruch für nichtig zu erklären. Allerdings konnte man keine stichhaltigen Beweise vorlegen, und Edisons Anwälte setzten sich durch. Inwieweit sich Göbel wirklich mit der Entwicklung von Glühlampen beschäftigt hatte, ist in der Wissenschaft nach wie vor heftig umstritten.

36 KAMPF DER TRAKTOREN

15. AUGUST, FLUGHAFEN DETROIT, MICHIGAN

Torsten | Heute, genauer gesagt in einer Stunde, fliegen wir zurück nach Hause. Gestern Abend wollten uns Mark und Sarah zum Abschluss unseres Aufenthaltes noch einmal etwas richtig Amerikanisches zeigen, nämlich eine *Country Fair*, was sich als eine coole Mischung aus Landwirtschaftsausstellung und Rummelplatz herausstellte. Das Ganze fand in Chelsea, einer Kleinstadt in der Nähe von Ann Arbor, statt. Wir hätten auch auf der Autobahn dorthin gelangen können, aber Mark wollte uns eine alte deutsche Kirche zeigen, die an einem Feldweg zwischen Ann Arbor und Chelsea liegt. So fuhren wir auf Landstraßen an malerischen Farmen mit riesigen, alten Holzscheunen und schönen Häusern vorbei. Die Farmhäuser waren meistens strahlend weiß gestrichen, die Scheunen waren dagegen dunkelrot und hatten alle die Namen der Besitzer in großen Buchstaben über dem Tor stehen. Es handelte sich fast ausschließlich um deutsche Namen und die Straßen bzw. Feldwege hießen *Steinbach Road*, *Guenther Road* und *Loeffler Road*. Mark erklärte uns, dass fast alle Farmer hier in dieser Gegend ursprünglich deutsche Einwanderer waren und dass hier, genauso wie im westlichen Teil von Ann Arbor, vor 100 Jahren im Prinzip alle Deutsch sprachen.

Wir hielten kurz an der kleinen Kirche an, die am Rande eines Maisfeldes steht und an der ein altes Schild mit der Aufschrift »Evangelische Gemeinde« angebracht ist. Nach einem Foto brausten wir weiter in Richtung *Country Fair*.

In Chelsea waren die Straßen verstopft, anscheinend wollten alle zu dem Gelände, wo das Volksfest stattfand. Geparkt wurde auf einer riesigen Grasfläche, von der aus man schon ein bunt beleuchtetes Riesenrad sehen konnte. Auf dem Parkplatz gab es auffallend viele alte Autos, die zum Teil nur noch vom Rost zusammengehalten wurden. Ich glaube, drei Viertel der dort geparkten Fahrzeuge wären bei uns auf keinen Fall durch den TÜV gekommen. Als ich Mark darauf ansprach, lachte dieser und sagte: »TÜV? So etwas gibt es hier nicht!«

In den USA ist es den einzelnen Bundesstaaten überlassen, eine technische Überprüfung von Kraftfahrzeugen vorzuschreiben. Die meisten Staaten, wie zum Beispiel Michigan, verzichten darauf. Einige Staaten, wie zum Beispiel Kalifornien, führen jedoch Abgastests durch.

Gleich beim Eingang waren einige landwirtschaftliche Maschinen aufgestellt, auf die man auch raufklettern konnte. Ich habe mich in das Fahrerhaus von einem riesigen, grünen Mähdrescher gesetzt. Das war echt geräumig und der Sitz superbequem – natürlich gab es auch hier eine Klimaanlage. Daneben standen einige alte Traktoren, hauptsächlich aus den Dreißiger- und Vierzigerjahren. Die waren alle in einem hervorragenden Zustand. Mark sagte, dass einige Leute diese alten Traktoren sammeln und restaurieren. Susanne machte einen Haufen Fotos. Merkwürdig, ich wusste gar nicht, dass sie sich so für Landtechnik interessiert.

Aber dann kam der Hammer. Es gab einen Traktoren-Wettkampf, der folgendermaßen funktionierte: Aufgemotzte Traktoren zogen eine Art Bremswagen von der Größe eines Nahverkehrsbusses, auf dem ein Gewicht langsam nach hinten rutschte. Das bremste offensichtlich die Traktoren, die zuvor im Stand auf Hochtouren gebracht wurden und dann auf ein Startsignal hin mit solcher Macht loszogen, dass Flammen aus ihren Auspuffen kamen und die Vorderräder in die Luft gingen. Die Zuschauer auf den Tribünen, die auf beiden Seiten entlang der Zugstrecke standen, klatschen begeistert bei jedem Traktor, aßen Popcorn und Hotdogs, tranken Cola aus eimergroßen Bechern und lauschten dem Stadionsprecher, der jeden Fahrer und Traktor einzeln vorstellte. Bei den Traktoren gab es anscheinend verschiedene Wettkampfklassen, bei den größeren Modellen trugen die Fahrer sogar Rennanzüge und Helme und saßen in einem Überrollkäfig. Das Ziel des Wettkampfes war offensichtlich, den Bremswagen so weit wie möglich zu ziehen.

Wir schauten uns das Ganze etwa eine halbe Stunde lang an und erkundeten dann den Rest des Geländes. Es gab jede Menge Karussells und Imbissstände und mehrere Hallen, in denen Tiere ausgestellt wurden: Kühe, Schweine, Schafe, Hühner und Kaninchen. Sarah erklärte uns, dass alle diese Tiere von den Kindern der Farmer aufgezogen wurden, als Teil eines Wettbewerbs, bei dem die besten Nachwuchszüchter ausgezeichnet wurden. Da sie auf dem Land aufgewachsen ist, hat sie früher auch an solchen Wettbewerben teilgenommen. Anschließend werden die Tiere dann hauptsächlich an Restaurants verkauft, wodurch sich die Kinder ein wenig Taschengeld dazuverdienen. Susanne wollte am liebsten einige der Kaninchen vor dem sicheren Tod bewahren. Ich konnte ihr das allerdings dann doch ausreden. Das wäre was gewesen, wenn wir am Flughafen mit einer Handvoll Kaninchen aufgetaucht wären ...

Was ist diesmal schiefgelaufen?

Ganz einfach: Hier bricht das Tagebuch ab. Der Flug nach Deutschland wurde offenbar aufgerufen und Torsten hatte keine Zeit, den Eintrag fortzuführen. Wir werden wohl nie erfahren, warum die beiden das Tagebuch nicht mit nach Hause genommen haben. Am wahrscheinlichsten ist wohl, dass Torsten es aus Versehen liegen ließ oder dass es aus dem Gepäck rutschte und dann von einem Angestellten in den Müll geworfen wurde.

Auf einen Fehler sei noch hingewiesen: Thomas schrieb, dass sie eine *Country Fair* besuchten. Richtig muss es jedoch *County Fair* heißen, denn es handelt sich um eine vom Landkreis *(county)* durchgeführte Veranstaltung, die eine Mischung aus Volksfest und Landwirtschaftsausstellung ist. Ein Besuch lohnt sich auf jeden Fall, und besonders Kinder haben hier viel Spaß.

Ein fester Bestandteil von *County Fairs* ist, wie Torsten richtig erwähnt hat, die Bewertung von Nutztieren, die von Kindern und Jugendlichen gehalten wurden. In den USA gibt es 90.000 *4-H Clubs* in denen 6,5 Millionen Kinder und Jugendliche Kenntnisse in Sachen Landwirtschaft erwerben. *4-H* steht für *head, heart, hands, health.*

Und die vielen deutschen Namen, die Torsten an den Scheunen gesehen hat, waren kein Zufall, da Deutsche bei der Besiedlung der ländlichen Gegenden eine so wichtige Rolle spielten, dass sich um 1900 rund 40 Prozent der landwirtschaftlichen Nutzfläche der USA im Besitz von deutschen Auswanderern bzw. deren Kindern befanden.

DIRT ROADS – UNBEFESTIGTE STRASSEN IN DEN USA

Das Straßennetz der USA erstreckt sich auf circa 4 Millionen Meilen, von denen rund ein Drittel eine Fahrbahnoberfläche hat, die aus festgefahrenem Sand oder Schotter besteht.

Die meistbefahrenen Straßen sind natürlich durch Asphalt oder Beton befestigt, aber Landstraßen, die in der Regel nur von ihren Anwohnern befahren werden, sind oft sogenannte *dirt roads.* Aber auch innerhalb von Städten kann man diese mitunter noch finden.

Um 1900 waren so gut wie alle Straßen in den USA unbefestigt, und die Bürgersteige bestanden zumeist aus Holzplanken, damit die Menschen auf nassen Straßen nicht durch den Schlamm laufen mussten. Kopfsteinpflaster hat in den USA Seltenheitswert, man findet es zumeist nur in älteren Großstädten wie Boston oder New Orleans.

In der Regel sind *dirt roads* heutzutage recht gut instand gehalten, man sollte aber trotzdem die Augen nach Schlaglöchern offenhalten. Nach Regen oder Schneefall kann es zudem auch recht rutschig werden, und wenn man sich die Fahrzeuge nach einer Fahrt auf schlammiger Straße ansieht, macht das Wort *dirt* (Schmutz) tatsächlich Sinn. Wer täglich auf derartigen Straßen fahren muss, kauft sich daher früher oder später einen Geländewagen oder einen Pick-up-Truck mit Allradantrieb.

37 ABSCHLIESSENDE GEDANKEN

Mit Verallgemeinerungen ist das so eine Sache – sie vereinfachen die Orientierung, aber sie verstellen gleichzeitig den Blick aufs Detail. Torsten und Susanne verallgemeinern an vielen Stellen in ihrem Tagebuch, und ich mache das sicher auch wiederholt in meinen Anmerkungen. Ich glaube, diese Verallgemeinerungen basieren nicht auf Fakten, sondern auf unserer bewussten oder unbewussten Zu- oder Abneigung gegenüber den Vereinigten Staaten.

Eine Meinung zu den USA hat jeder. Wie aber wurde diese geformt? Die Menge der Informationen, die wir im Laufe unseres Lebens zu diesem Land erhalten, ist kaum messbar. Nachrichten, Filme, Bücher und Zeitschriftenartikel beeinflussen sicher jeden in seinen Ansichten. Aber wie detailliert und vor allem ausgewogen sind diese Informationen eigentlich? Achten Sie einmal darauf: Sind das nicht immer nur die gleichen Verallgemeinerungen, die uns leicht variiert vermittelt werden?

Den Kreislauf aus Meinung und Verallgemeinerung zu durchbrechen und die amerikanische Gesellschaft in all ihren Details zu sehen, ist ein Prozess, der Jahre dauert und der nie abgeschlossen ist, denn Land und Leute entwickeln sich natürlich ebenfalls ständig weiter. Mit einem Aufenthalt in den USA, selbst wenn er nur kurz ist, beginnen Sie jedoch, sich dieses Land selbst zu erschließen, statt ausschließlich auf die Informationen und Meinungen anderer angewiesen zu sein.

Die ersten Stunden und Tage nach der Ankunft sind sicher am intensivsten, da hier unsere bisherigen Vorstellungen von dem Land auf die konkrete Realität treffen. Zunächst halten wir vielleicht Ausschau nach Dingen, die uns in unseren Meinungen bestätigen. Da sind sie dann, die dicken Amerikaner, deren Bilder wir in unseren Zeitungen gesehen haben. Die starke Polizeipräsenz bestärkt uns in dem Gedanken, dass in den USA außergewöhnlich viel Kriminalität herrscht und dass wir schnell zum Opfer werden könnten, so wie wir das aus dem Fernsehen kennen. Zudem kann es sich bei der Freundlichkeit der Amerikaner nur um Oberflächlichkeit handeln, denn das haben wir schon so oft gehört.

Wenn wir länger und genauer hinschauen, entdecken wir aber zunehmend ein Land, das einfach anders ist. Die Stereotype, die wir anfangs wiedererkannten, treten immer mehr in den Hintergrund, und andere, neue Details bereichern fortlaufend unser Bild von den USA. Wir werden fairer in unseren Urteilen und übernehmen Dinge, die uns gefallen, in unser eigenes Leben. Ich hoffe, dass dieses Buch Ihnen helfen wird, einige Klippen kultureller Unterschiede zu umschiffen, sodass Sie Ihre Energie zum detaillierten Entdecken einsetzen können und den Verallgemeinerungen entkommen. Vielleicht werden Sie sogar selbst ein Tagebuch führen. Passen Sie aber auf, dass Sie es nicht verlieren, denn es könnte unter Umständen in meine Hände geraten – und wohin das führt, haben Sie ja hier gesehen.

UNWICHTIGE UNTERSCHIEDE ZWISCHEN DEUTSCHLAND UND DEN USA

Sie sitzen im Flugzeug und haben gerade den »Fettnäpfchenführer USA« zu Ende gelesen? Die Landung ist jedoch erst in einer halben Stunde? Dann erzähle ich Ihnen zu guter Letzt noch eine Reihe von Dingen, die Sie nicht unbedingt wissen müssen, mit denen Sie aber unter Umständen ein interessantes Gespräch mit Ihrem Sitznachbarn beginnen können:

- Während die Deutschen gerne auf kariertem Papier schreiben, verwenden die Amerikaner fast ausschließlich liniertes Papier.
- Amerikanische Buchrücken sind von oben nach unten und deutsche Buchrücken von unten nach oben beschriftet.
- In den USA sprechen Fans der Sesamstraße immer von *Bert and Ernie*, während es in Deutschland umgekehrt ist.
- Der riesige Hund, den wir als Deutsche Dogge kennen, wird in den USA als *Great Dane* (»Großer Däne«) bezeichnet.
- Der dänische Koch in der deutschsprachigen Version der *Muppet Show* ist im amerikanischen Original ein schwedischer Koch.
- Eine handschriftliche Eins wird in Amerika als gerader Strich, ohne Aufwärtshaken, geschrieben. Eine wie in Europa geschriebene Eins wird in den USA als Sieben angesehen, da man diese ohne Querstrich schreibt.
- In den USA sind Krawatten oft von links oben nach rechts unten gestreift. In Deutschland laufen die Streifen dagegen fast immer von links unten nach rechts oben.

ANHANG

AUF DEN SPUREN VON TORSTEN UND SUSANNE IM WWW

Falls Sie, liebe Leser, im Internet nachforschen möchten, an welchen Orten und in welchen Lokalen sich Torsten und Susanne aufgehalten haben, finden Sie nachfolgend die Web-Adressen:

Ann Arbor, Michigan

• Old Town	www.oldtownaa.com
• Cafe Zola	www.cafezola.com
• Knight's	www.knightsrestaurants.com
• Gandy Dancer	www.muer.com/gandy-dancer

Detroit, Michigan

• Detroit Institute of Arts	www.dia.org
• Detroit People Mover	www.thepeoplemover.com
• GM Renaissance Center	www.gmrencen.com

Chicago, Illinois

• John Hancock Observatory	www.360chicago.com
• Chicago Union Station	www.chicagounionstation.com
• Navy Pier	www.navypier.com
• John G. Shedd Aquarium	www.sheddaquarium.org
• Art Institute of Chicago	www.artic.edu

Sleeping Bear Dunes, Michigan

- Sleeping Bear Dunes National Lakeshore — www.sleepingbeardunes.com

Mackinac Island, Michigan

- Grand Hotel — www.grandhotel.com
- Fort Mackinac — www.mackinacparks.com

Upper Peninsula, Michigan

- Oswald's Bear Ranch — www.oswaldsbearranch.com

Frankenmuth, Michigan

- Bavarian Inn — www.bavarianinn.com

Manchester, Michigan

- Manchester Chicken Broil — www.manchesterchickenbroil.org

Amerikanische Eisenbahn/National Railroad Passenger Corporation

- Amtrak — www.amtrak.com

ANHANG

10 DINGE, DIE SIE GETAN HABEN MÜSSEN

1. **Ein Baseballspiel besuchen.** Amerikanischer geht's kaum, von der familienfreundlichen Atmosphäre über das Singen der Nationalhymne bis hin zum Mampfen von Hotdogs, Hamburgern, Popcorn und Eis.

2. **Mit dem Auto übers Land fahren.** Wenn Sie sich nur Großstädte ansehen, verpassen Sie viel von der Schönheit Amerikas. Besonders im Spätsommer und Herbst gibt es auf dem Land viele Attraktionen, wie z. B. in Maisfeldern angelegte Irrgärten *(corn mazes)*, Fahrten mit dem Heuwagen *(hayrides)*, Apfel- und Kirschplantagen, auf denen man selber pflücken kann *(U-pick farms)* und Saftereien *(cider mills)*. Zu Halloween kommen dann noch Gespensterhäuser *(haunted houses)* hinzu.

3. **Auf den Bauernmarkt gehen.** Falls Sie doch nur in der Stadt bleiben wollen, sollten Sie am Samstagvormittag wenigstens einen *farmers market* besuchen. Neben Obst und Gemüse gibt es dort auch leckere Backwaren vom Bauernhof.

4. **In einem Diner frühstücken.** Bei McDonald's können Sie überall in der Welt essen. Wenn Sie in den USA sind, sollten

Sie jedoch im kleinen Diner mit unbekanntem Namen speisen. Genießen Sie die freundliche Bedienung und das kostenlose Nachfüllen von Kaffee und Cola.

5. **In den Zoo gehen,** besonders falls Sie Kinder haben. Amerikanische Zoos sind ganz hervorragend auf kleine Besucher eingestellt. Überhaupt sind die USA ausgesprochen kinderfreundlich.

6. **Amerikanisches Eis essen.** Im Restaurant oder am Eisstand sollten Sie einen *sundae* bestellen, d. h. einen Eisbecher mit Schokoladensoße, Erdnüssen, Schlagsahne und Kirsche. Wer Erdbeeren mag, wird an einem *strawberry sundae* Gefallen finden. Aber auch im Supermarkt werden Eisliebhaber auf ihre Kosten kommen.

7. **Die Biervielfalt der USA erkunden.** Überzeugen Sie sich davon, dass auch in den USA ganz hervorragendes Bier gebraut wird. Besuchen Sie örtliche *microbreweries* bzw. *brewpubs* oder fragen Sie im Restaurant nach Bier aus einer *small brewery.* Sie werden staunen. Wer Rebensaft bevorzugt, sollte nach amerikanischen Weinen Ausschau halten.

8. **Einmal alles vom Auto aus erledigen,** d. h. Essen im *drive-thru* ins Auto reichen lassen und dort verspeisen, Geld an einer *drive-up* ATM abheben und Postkarten in die *drive-up mailbox* werfen. Sie werden sehen, wie praktisch das ist.

9. **Am Strand oder im Park grillen.** Viele Strände und Parkanlagen in den USA haben Grillplätze, wo man kostenlos einen Holzkohlegrill nutzen kann. Kaufen Sie im Supermarkt einfach Kohle, Alufolie, Olivenöl in der Spraydose sowie Lebensmittel und los geht's! (Aber denken Sie daran, dass Alkohol in öffentlichen Anlagen nicht erlaubt ist.)

10. **Museen erkunden.** In den USA gibt es zahlreiche Museen von Weltrang, die sehenswerte Kunstwerke aus allen Kontinenten und Perioden ausstellen. Schauen Sie sich aber auch einmal die Werke amerikanischer Maler und indianische Handwerksarbeiten an.

ANHANG

10 HANDLUNGEN, DIE SIE UNBEDINGT VERMEIDEN SOLLTEN

1. **Sich im Restaurant einfach an einen freien Tisch oder zu anderen Gästen an den Tisch setzen:** *Please wait to be seated.* In den meisten Restaurants müssen Sie warten, bis ein *host* oder eine *hostess* erscheint und Sie nach der Personenanzahl Ihrer Gesellschaft fragt und Ihnen einen Platz anweist.

2. **Im Restaurant weniger als 15–20 Prozent Trinkgeld geben.** Amerikanische Kellner erhalten fast immer nur den gesetzlichen Mindestlohn, der im gastronomischen Bereich lediglich zwei Dollar pro Stunde beträgt. Die Kellner sind deshalb auf Trinkgelder angewiesen, um überhaupt ein nennenswertes Einkommen zu haben.

3. **Unaufgefordert aus dem Auto aussteigen,** wenn Sie von der Polizei angehalten werden. Da der Polizist nicht weiß, was Sie vorhaben, wird er in der Regel zur eigenen Sicherheit drakonisch reagieren. Ruhe und Besonnenheit ist oberstes Gebot.

4. **Geöffnete Alkoholflasche im Fahrgastraum eines Autos transportieren.** Das steht in fast allen Bundesstaaten unter Strafe. Sie müssen nicht beim Trinken während des Fahrens erwischt werden, denn das bloße Vorhandensein einer geöffneten

Flasche oder Dose ist bereits strafbar. Transportieren Sie deshalb geöffnete Flaschen mit Alkoholika grundsätzlich nur im Kofferraum.

5. **In der Öffentlichkeit urinieren.** In den USA ist das ein Vergehen, das vielerorts mit einer erheblichen Geldstrafe geahndet wird. Daher sollten Sie die Leistungsfähigkeit Ihrer Blase gut einschätzen können und vor Verlassen einer Kneipe oder eines Restaurants lieber noch einmal aufs Klo gehen.

6. **Fluchen.** Verkneifen Sie sich den Gebrauch von Vulgarismen *(F-word)* sowie alle anderen Arten des Fluchens (Stinkefinger). Amerikaner geben sich zumeist große Mühe, ihre Mitmenschen sprachlich nicht zu verletzen. Insbesondere rassistische Ausdrücke, egal ob auf Deutsch oder auf Englisch, sollte man grundsätzlich vermeiden.

7. **Überraschungsbesuche abstatten.** In den USA ist es nicht üblich, unangemeldet vorbeizuschauen. Man sollte auf jeden Fall vorher anrufen. Bei Leuten, mit denen man nicht eng befreundet ist, ist es sogar ratsam, am Tag zuvor Bescheid zu sagen.

8. **In geselligen Runden und am Arbeitsplatz über Themen wie Politik und Religion sprechen.** Viele Amerikaner lassen sich auch nicht gerne besserwisserisch belehren, vor allem was ihre Grundwerte, insbesondere den Glauben an Freiheit und Demokratie, betrifft.

9. **Sich am Strand als Frau topless und als Mann in kurzer, eng anliegender Badehose zeigen.** »Oben ohne« ist für Frauen in den USA weitgehend tabu bzw. sogar gesetzwidrig und kann unter Umständen die Polizei auf den Plan rufen. Frauen sollten grundsätzlich das Bikini-Oberteil anbehalten und Männer eine

etwa knielange Badehose tragen. Das gilt auch für den Saunabesuch.

10. **Wilde Tiere berühren.** Bitte tun Sie das niemals! In den ganzen USA, ausgenommen Hawaii, gibt es Tollwut. Falls Sie von einem wilden Tier gebissen werden, ist es ratsam, schnellstmöglich einen Arzt aufzusuchen und sich gegen Tollwut impfen zu lassen.

GLOSSAR

50 nützliche Begriffe für den USA-Aufenthalt, die Sie möglicherweise nicht im Englischunterricht gelernt haben	
ATM (Automatic Teller Machine)	Geldautomat
boat livery	Bootsverleih
buck	umgangssprachliche Bezeichnung für Dollar
chef	Chefkoch
communal seating	gemeinsames Sitzen an einem Tisch mit Leuten, die man nicht kennt
county	Verwaltungsbezirk, Landkreis
county fair	Volksfest des Landkreises
declined	verweigert, z. B. die Kreditkarte
designated driver	vorbestimmter Fahrer, der freiwillig nüchtern bleibt
detour	Umleitung
dime	10-Cent-Münze
dirt road	unbefestigte Straße
dry cleaner	chemische Reinigung
dry county	Verwaltungsbezirk, in dem kein Alkohol verkauft wird
DUI (driving under the influence)	Fahren unter dem Einfluss psychoaktiver Substanzen, Trunkenheit im Verkehr
eggs over easy	gewendete Spiegeleier
eggs sunny side up	Spiegeleier
emergency room (E.R.)	Notaufnahme im Krankenhaus
food co-op	Lebensmittelladen in Genossenschaftsbesitz

French fries	Pommes
heartburn	Sodbrennen
Kleenex	Papiertaschentuch
leash	Hundeleine
leftovers	Speisereste, für die man im Restaurant einen Behälter (leftover box) bekommt
mugging	Raubüberfall
neighborhood watch	Zusammenschluss von Nachbarn zwecks Kriminalitätsvorbeugung
nickel	5-Cent-Münze
orchard	Obstplantage
order	Bestellung
organic	Bio (Lebensmittel)
over-the-counter drug	freiverkäufliches Medikament
paddle boat	Wassertreter
picture ID	Ausweis mit Bild
pitcher	Plastik- oder Glaskrug für Bier oder Wasser mit einem Fassungsvermögen von einer halben Gallone (1,9 Liter)
prescription	Arzneimittelrezept
produce	Obst und Gemüse
quarter	25-Cent-Münze
raccoon	Waschbär
receipt	Kassenzettel
round trip	Hin- und Rückfahrt
sales tax	Verkaufssteuer
scoop	Eiskugel

sundae	Eisbecher mit Vanilleeis und Karamell-, Schokoladen- oder Erdbeersauce
ticket	Strafzettel
tip	Trinkgeld
toll road	gebührenpflichtige Straße
U-pick farm	Obstplantage, auf der man selbst pflückt
U-scan	Selbstbedienungskasse
urgent care	Arztpraxis, in der man keinen Termin braucht
yield	Vorfahrt gewähren
ZIP code	Postleitzahl

Packender Erfahrungsbericht über eine Wanderung durch die Mongolei

Zu Fuß und ganz auf sich allein gestellt durchqueren die 22-jährige Franziska und ihr Freund Felix den Westen der Mongolei. Ihr Weg führt sie mitten ins Nirgendwo, wo es weder feste Pfade noch Wegweiser gibt und wo sie tagelang keiner Menschenseele begegnen. Mit dabei: ein Zelt, Astronautennahrung und ein paar uralte russische Militärlandkarten.

Franziska und Felix quälen sich Berge hoch und fallen Böschungen runter, sie stecken in reißenden Gletscherflüssen fest und werden von einer donnernden Herde Yaks umzingelt. In der Einsamkeit haben sie aber auch seltene, magische Begegnungen. Und sie lernen viel über sich als Paar, das durch die extreme Erfahrung über sich hinauswächst.

Franziska Bär
Ins Nirgendwo, bitte!
Zu Fuß durch die mongolische Wildnis

ISBN 978-3-95889-179-1
ISBN 978-3-95889-208-8

CON BOOK.

Ein wahnwitziges Reiseabenteuer auf 14.037 Radkilometern

Markus Maria Weber
Ein Coffee to go in Togo
Ein Fahrrad, 26 Länder und jede Menge Kaffee

ISBN 978-3-95889-138-8
ISBN 978-3-95889-143-2

»Eine köstliche Geschichte!« *(Trekkingbike)*

»Unsere Empfehlung: mitkommen auf diese Reise!« *(Africa live)*

»Kurzweilig, ungefiltert und schonungslos ehrlich.« *(Badische Zeitung)*

Eines Tages wirft der Unternehmensberater Markus Weber seine heile Welt über den Haufen und stürzt sich Hals über Kopf in ein Abenteuer. Er setzt sich auf sein Fahrrad und fährt los – durch 26 Länder, bis nach Togo. Seine Reise führt ihn durch verlassene osteuropäische Dörfer und über zermürbende Sandpisten in Westafrika.

Er fährt per Anhalter durch die Sahara, radelt durch den unerschlossenen guineischen Regenwald und schmuggelt sich in Liberia über geschlossene Grenzübergänge. Alles, um zwei Fragen zu beantworten: Wer bin ich? Und: Gibt es eigentlich *Coffee to go in Togo*?

CON BOOK.

Eine Kündigung, 22 Länder und ein besonderer Reisebegleiter

An ihrem ersten Tag nach der Elternzeit bekommt Gabriela die Kündigung auf den Tisch. Auf einmal ist sie fast 40, Mutter, ohne Job – und sämtliche Bewerbungen laufen ins Leere. Erst als sie mit ihrem kleinen Sohn aus dem Alltag ausbricht und auf Reisen geht, spürt Gabriela wieder so etwas wie Ruhe und Leichtigkeit.

Immer wieder verschlägt es die beiden an die ungewöhnlichsten Orte, ob in Asien, Südamerika oder im Osten Europas. Unterwegs erkennt Gabriela, dass man manchmal im Leben mit beiden Händen loslassen muss, um wieder neu greifen zu können.

Gabriela Urban
Wie Buddha im Gegenwind
Eine Kündigung, 22 Länder und
ein besonderer Reisebegleiter

ISBN 978-3-95889-199-9
ISBN 978-3-95889-206-4

CON BOOK.